부동산개발과 공공기여

한국부동산개발산업연구원

박영사

발간사

도시는 언제나 발전해 왔습니다. 건물 하나가 들어서면 거리의 풍경이 바뀌고, 개발사업 하나가 진행되면 지역을 살아가는 사람들의 삶도 달라집니다. 그러나 개발이라는 단어 앞에는 언제나 의문과 갈등이 따라붙습니다. 누구를 위한 개발인가? 공공은 무엇을 얻고, 민간은 무엇을 부담해야 하는가? 그 균형은 어떻게 맞추어 갈 것인가? 이런 질문에 대한 답을 찾고 싶었습니다.

그동안 공공기여는 '의무'와 '환수'의 대상으로만 이해되었습니다. 민간에게는 억지로 부담해야 하는 짐처럼, 공공에게는 당연히 환수해야 하는 권리처럼 여겨졌습니다. 하지만 우리는 그 단순한 구도를 넘어, 공공기여를 조금 더 넓고 깊게 바라보고자 했습니다. 현장에서 뛰고 있는 디벨로퍼들의 목소리와 제도를 설계하는 공공의 시선을 함께 짚어보며, 공공과 민간이 서로를 '파트너'로 인식할 수 있는 길을 모색하고자 하였습니다.

이 책은 공공기여를 단순한 규제의 도구가 아니라 도시와 사회를 발전시키고 지속 가능하게 만드는 협력의 장치로 바라봅니다. 복잡하게 얽혀 있는 제도들을 뜯어보고 현장의 목소리를 듣다 보니, 지금 우리에게 필요한 것은 개발사업을 바라보는 인식의 전환과 더 나은 제도의 설계라는 확신이 들었습니다.

이 책이 독자 여러분께 새로운 시각과 생각거리를 전해 주기를 바랍니다. 도시의 미래를 함께 고민하는 과정에서 이 책이 작은 초석이 되어 더 많은 대화와 논의를 이끌어낸다면 그것만으로도 충분한 의미가 있을 것입니다.

한국부동산개발산업연구원 명예이사장 문주현 | 문주현

한국부동산개발산업연구원 원장 김승배 | 김승배

추천사

공공과 민간의 협력적 관계를 제고해야 할 시대

– 전 국토교통부 장관 **강호인**

제가 국토교통부 장관으로 재직하던 시절에는 아직 '공공기여'라는 개념이 제도적으로 정립되지 않았습니다. 그러나 개발을 둘러싼 공공과 민간의 시각에는 언제나 일정한 간극이 존재했습니다. 공공은 공익을 지향하고, 민간은 효율성과 혁신을 추구하지만, 그 두 축이 조화를 이루지 못할 때 사업은 지체되거나 사회적 갈등으로 이어지곤 했습니다.

이제 공공은 개발이익 환수에 머물기보다, 책에서 제시하듯 민간과의 협력적 관계를 강화하고 개발의 승수효과를 극대화하는 방향으로 시각을 전환할 시점에 서 있습니다. 『부동산개발과 공공기여』는 이러한 문제의식 위에서, 민간의 개발과 공공기여의 균형점을 모색하고 있습니다.

이 책은 개발사업의 인허가·심의·관리를 담당하는 정부와 지자체 공무원들에게 특히 유익한 통찰과 새로운 관점을 제공할 것입니다. 공공과 민간이 함께 도시의 미래를 설계하기 위한 건설적 대화를 이끌어내는 데 이 책이 좋은 길잡이가 되길 바랍니다.

도시와 개발의 공존을 묻다: 『부동산개발과 공공기여』를 읽고

– 중앙대 명예교수 **허재완**

도시는 늘 개발의 욕망과 공공의 가치 사이에서 긴장한다. 새로운 건물이 들어서고 도로가 확장될 때 사람들은 발전이라 말한다. 하지만 동시에 우리는 교통혼잡과 환경오염 그리고 이해관계자들의 갈등을 본다. 개발은 도시를 키우지만, 그 열매가 공정하게 나눠지 않을 때 불신이 자란다.

『부동산개발과 공공기여』는 이 문제를 정면으로 다루고 있다. 개발이익 환수라는 용어가 낯설지 않은 시대, 저자들은 공공기여를 규제가 아닌 협력의 제도로 해석한다. 개발의 성과가 사적 이익에 머물지 않고, 도시 공동체와 어떻게 나눠질 수 있는지를 진지하게 탐구하고 있다. 공공기여를 규제가 아닌 협력의 제도로 바라보는 시선이 무척 신선하다.

책은 사전협상제도, 기부채납, 무상귀속 등 복잡한 제도를 하나의 큰 틀에서 풀어낸다. 단순한 법령 해설이 아니다. 서울역 북부역세권, 옛 부산외대 부지 등 실제 사례를 통해 공공과 민간이 어떻게 대화하고 타협했는지를 보여준다. 이 과정에서 개발의 공공성은 제도보다 협상, 규정보다 설득과 신뢰가 앞선다는 사실을 깨닫게 한다.

도시계획과 부동산개발은 대립이 아니라 공존의 관계여야 한다. 하나가 과하면 도시가 무너지고, 다른 하나가 약하면 활력을 잃는다. 개발은 도시의 에너지이고, 공공성은 그 방향을 잡는 나침반이다. 이 책의 저자들은 그 균형점을 찾으려는 사람들에게 실무적이면서도 공감이 가는 길을 제시하려고 노력하고 있다.

개발과 공공의 경계에서 고민하는 도시계획가, 정책입안가, 디벨로퍼 모두에게 이 책의 일독을 권하고 싶다. 도시는 결국, 우리가 함께 만든 약속의 결과물이기 때문이다.

부동산개발 실무자의 필독서

– 사단법인 한국토지공법학회 회장 **석종현**

부동산개발과 관련해 개발이익의 사회환원의 차원에서 도입된 공공기여제도로 인해 생긴 개발업자와 개발당국과의 이해충돌에 대해서 별다른 문제 제기가 없었으나, 이번에 양자 간의 관계에 대하여 개발업자 측의 시각에서 문제의 본질을 심층적으로 분석해 공공기여의 타당성과 개발업자의 부담의 문제를 논의의 장으로 끌어낸 본서는 제도의 이해와 새로운 인식의 변화를 모색한다는 의미에서 매우 시의적절하다고 본다. 본서는 공공기여를 단순한 규제의 도구가 아니라 도시와 사회를 발전시키는 협력의 장치로 인식하는 새로운 접근을 시도하고 있어 개발업자와 개발당국자들이 필독할 필요가 있다고 보고 일독을 추천한다.

포용적 시각에서 바라본 공공기여

– 건국대학교 교수 **이현석**

부동산개발은 무에서 유를 만드는 일이다. 디벨로퍼는 사업가적 정신(entrepreneurship)으로 무장하고 토지, 노동, 자본을 투하한다. 창조적 꿈(creative dreaming)을 물리적 환경으로 만들어가는 과정에서 수익을 창출한다. 공공은 공공복리에 기반을 두고 건전한 개발(sound development)을 추구한다.

공공기여는 공공복리와 개발수익 사이에서 균형점을 찾기 위한 노력이다. 『부동산개발과 공공기여』가 한국부동산개발산업연구원의 첫 출간도서라는 점에 주목한다. 부동산개발은 사회적 경제적 필요를 만족시키기 위한 작업이며 광의의 공공기여라고 주장한다. 공공복리와 수익추구가 상극이 아니라, 조화 가능한 존재라는 논점이다. 우리 부동산개발에 대한 따뜻하고 긍정적 시각을 작게나마 키워나가는 시발점이 되리라 믿는다.

공공기여의 실무 나침반을 만나다

– 서울특별시 도시계획과장 **이광구**

서울시 도시계획과장으로서 민간 부동산개발사업의 공공기여 업무를 총괄하며, 늘 고민해 온 문제들이 있습니다. 제도 운영 과정에서 마주하는 복잡한 개별 법령 체계, 사업자와의 협의에서 발생하는 기준의 모호함, 그리고 무엇보다 공공성 확보와 사업성 보장 사이의 균형점을 찾는 일이었습니다. 2025년 대한국토도시계획학회 춘계산학학술대회 “공공기여, 어떻게 바라볼 것인가” 세션에서 발제자로 초청되어 “공공 기여를 바라보는 지자체의 입장”을 주제로 발표하고 토론하면서 공공기여에 관련된 주체별로 입장에 따라 공공기여에 대한 인식에 큰 차이가 있다는 것을 확인할 수 있었습니다. 이 도서 『부동산개발과 공공기여』는 바로 그런 현장의 고민에 명쾌한 답을 제시합니다. 공공기여 제도를 체계적으로 정리하고, 서울역 북부역세권 등 실제 대규모 개발사업의 구체적 사례를 통해 현장의 실상을 보여주고 있습니다. 더 나아가 이 책에서는 각종 부담금과 공공기여의 이중부담 방지, 지자체별 기준 통일화, 예측가능성 제고 등 정책적 시사점들을 제시하고 있습니다.

공공기여는 단순한 계획이득의 환수를 넘어 도시의 지속가능한 발전을 위한 민관협력의 핵심 도구입니다. 공공성과 사업성이 상생하는 건전한 부동산개발 생태계 구축을 위해 이 책을 강력히 추천합니다.

공공기여 제도의 이해와 개선방향까지 제시한 나침반!

– 국회입법조사처 선임연구관 **장경석**

지방자치단체가 공들여 수립한 도시계획을 제대로 실현하는 동력은 민간의 자율성과 창의성에서 나옵니다. 우리나라는 민간이 자율성과 창의성으로 창출한 경제적 수익 중 일부를 사회적으로 환원하여 공공이 같이 누릴 수 있도록 2021년부터 「국토의 계획 및 이용에 관한 법률」에 따라 공공기여에 관한 제도를 운영하고 있습니다. 그런데 공공기여와 비슷하면서도 다른 '기부채납', '무상귀속', '각종의 부담금'이 개별 법률에 의해 병존하고 있고 의미도 조금씩 달라서 이를 정확히 이해하기 어려운 것이 현실입니다. 누군가는 유사한 제도들을 종합하고 체계화하는 것이 필요하다고 늘 생각하고 있었는데, 도시계획에서 공공과 민간의 역할을 진지하게 고민하고 연구하는 한국부동산개발산업연구원이 『부동산개발과 공공기여』라는 이름으로 종합연구서를 발간하였습니다.

이 연구서는 단순히 공공기여와 관련한 여러 제도만을 설명하는 데 그치지 않고, 해당 제도가 실제 운영되는 모습, 사업자 입장에서 느껴지는 공공기여, 그리고 입법적으로 개선해야 할 과제까지 입체적으로 담아내고 있습니다. 공공기여 제도를 담당하는 실무자, 연구자뿐만 아니라 입법을 담당하는 국회와 지방의회의 담당자와 법률가에게도 매우 유용하고 소중한 자료입니다. 한국부동산개발산업연구원이 수행한 연구는 또 하나의 '공공기여'로서 우리 부동산개발제도의 발전에도 크게 기여하였다고 확신합니다.

공공기여에 대한 보다 깊은 이해를 원하는 독자를 위한 책

– 국토연구원 부동산시장정책연구센터장 **전성제**

부동산개발에서 공공기여 문제는 언제나 중요한 이슈로 정책 관련 논의에서 한 부분을 차지하고 있다. 기존의 관련 논의들은 공공기여, 기부채납, 부담금이라는 구체적 제도적 수단을 중심으로 논의되는 경향이 있었다. 그러나 이 책은 공공기여를 단순한 기부채납이나 부담금의 문제로 보지 않고 개발사업이 가져오는 지역 내 사회경제적 파급효과라는 큰 틀에서 살펴볼 필요성을 제기한다. 그리고 그러한 틀에서 공공기여의 의미와 이슈, 향후 논의의 방향을 재조명하고자 하였다. 특히 이 책은 제도적 분석에서부터 현장 사례까지 폭넓게 다루며, 지역 개발사업의 사회경제적 파급효과에 대한 보다 폭넓은 이해를 제공한다. 『부동산 개발과 공공기여』는 공공과 민간의 균형, 개발과 공익의 조화를 고민하는 모든 이들에게 새로운 관점에서 유용한 통찰을 제공할 수 있을 것이다.

지속가능한 도시 개발: 부동산 개발과 공공기여의 협력적 접근

– 법무법인(유) 율촌 파트너 변호사 **최관수**

이 책은 도시와 사회를 발전시키는 과정에서 중요한 역할을 맡은 부동산 개발사업과 그에 따른 공공기여라는 복잡한 주제를 심도 깊게 탐구하며, 공공과 민간의 균형을 찾으려는 중요한 시도를 담고 있습니다. 그리고 부동산 개발이 도시와 지역사회에 미치는 긍정적 외부효과뿐만 아니라, 그에 따른 사회적 부담을 어떻게 합리적으로 배분할 수 있을지에 대한 실용적인 해답을 제공하고 있습니다.

그리고 이 책은 부동산 개발이 도시와 지역사회에 미치는 경제적, 사회적 영향력을 보다 효율적이고 공정하게 관리할 수 있는 방법을 제시하며, 앞으로의 개발 사업이 민간과 공공이 함께 나아갈 수 있는 지속가능한 모델을 제시하고 또한 공공기여가 단순한 경제적 부담이 아닌 지속가능한 개발을 위한 필수적인 협력임을 강조합니다.

이러한 점에서, 이 책은 공공기여라는 복잡한 문제를 이해하고, 그 해결 방안을 모색하는 데 중요한 길잡이가 될 것이고 또한 부동산개발과 관련된 공공기여의 실태를 보다 명확하게 이해하고자 하는 정책 담당자, 개발업체, 학계 등 다양한 독자들에게 유익한 자료가 될 것입니다. 마지막으로 이 책이 제시하는 새로운 시각과 접근법은 공공과 민간의 상생적인 관계를 구축하는 데 중요한 밑거름이 될 것입니다.

내일의 도시를 위한 개발과 공공기여의 균형 잡힌 제언

– 법무법인(유) 세종 전문위원 **김중한**

부동산개발은 낙후된 도시환경을 개선하고 도시 경쟁력을 높이는 긍정적 효과에도 불구하고, 기반시설 과부하와 개발이익 독점이라는 그림자 또한 안고 있었습니다. 이로 인해 '개발이익 환수'라는 명제는 오랫동안 공공과 민간 사이의 풀기 힘든 딜레마로 자리해왔습니다. 정부와 지자체는 개발이익 환수를 통해 공공성을 확보하고자 노력해왔습니다. 그러나 그 과정에서 도입된 여러 제도가 명확한 경계 없이 중첩 적용되면서, 부동산개발사업은 과도하거나 예측 불가능성에 직면하게 되었습니다.

이러한 제도적 불확실성 속에서, 최근 건설, 금융 등 부동산개발 환경마저 급변하고 있는 시점에, 이 책이 제시하는 부동산개발과 공공기여에 대한 심도 깊은 연구 성과는 우리 사회에 매우 시의적절한 울림을 줍니다. 특히 이 책은 고용 창출, 도시 경쟁력 강화와 같이 그동안 정책적 논의에서 충분히 조명받지 못했던 부동산개발의 긍정적인 사회·경제적 기여에 주목하고 있습니다.

탄탄한 이론적 배경은 물론, '실제 개발사례'를 토대로 민간이 실질적으로 부담하는 공적 기여의 총량을 객관적으로 직시하게 한다는 점도 장점입니다. 이처럼 이론과 실증을 아우르는 깊이 있는 분석은, 정부와 지자체에게는 합리적인 제도 운영의 근거를, 디벨로퍼에게는 사업의 예측 가능성을 높이는 데 도움이 될 것이라 생각됩니다. '지속가능한 도시'는 공공과 민간이 함께 추구해야 할 공동의 목표입니다. 이 책이 공공과 민간이 불필요한 갈등을 넘어 신뢰를 바탕으로 상생하는 '새로운 기준점'을 마련하는 데 크게 기여하리라 확신합니다.

'공공기여란 무엇인가?'에 대한 해답

– 김·장 법률사무소 전문위원 **김예성**

공공기여의 법률적 정의조차 명확하지 않은 상황에서 이 책은 광범위한 법제도 검토와 주요 사례에 대한 심도 있는 분석을 통해 공공기여가 무엇인가에 대한 명쾌한 해답을 제시해 주고 있다. 실제 개발사업에서 디벨로퍼가 부담하는 공공기여의 유형과 특징, 그리고 제도적 쟁점과 개선방안까지 구체적으로 보여주고 있다는 점이 이 책의 가장 큰 매력으로 다가온다. 개발과 공공의 균형이라는 풀기 어려운 숙제를 던지고 있지만, 공공기여에 대한 이해를 넓히고 싶은 업계 종사자라면 반드시 이 책을 읽어봐야 할 것이다.

부동산개발사업을 한다면 반드시 읽어야 할 책

– (주)신영 대표이사 **손종구**

사전협상에 의한 공공기여를 포함한 부동산개발사업을 하면서 느꼈던 점은 공공기여, 기부채납, 부담금 등에 대한 개념과 그 경계가 명확하게 정리된 자료가 없다는 것이었습니다. 때문에, 그 체계를 이해하고 인허가청과 논의를 하며 사업계획을 체계적으로 수립하는 것은 결코 쉽지 않았습니다.

이 도서가 조금 더 일찍 나왔더라면 분명 큰 도움이 되었을 텐데라는 아쉬움이 있습니다. 사전협상에 의한 공공기여뿐만 아니라, 기부채납, 부담금 등에 대한 실질적인 이해를 하고자 한다면 반드시 읽어야 할 도서입니다. 업계 실무자, 지자체 담당자들에게 매우 유용할 것으로 기대합니다.

지속가능한 디벨로퍼의 역할을 재조명하는 책

– (주)엠디엠 대표이사 **구명완**

디벨로퍼가 현장에서 마주하는 공공기여, 기부채납, 부담금 등은 구분과 기준이 불명확하여, 그 이유를 잘 알지 못한 채 부담하는 경우도 빈번했습니다. 이 책은 이러한 제도들을 명확하게 구분하고, 사업자의 실제 부담 규모를 사례를 통해 객관적으로 제시함과 동시에 사회적 공헌까지 조명하고 있습니다. 공공기여를 법과 제도 범위의 협의적 개념뿐만 아니라 조세, 경제적 파급효과 등 광의적 개념에서 접근함으로써, 이 책을 접하는 각 분야의 많은 분들이 법과 제도에 대한 이해뿐만 아니라 디벨로퍼의 역할의 중요성에 대해서도 다시 조명하는 계기가 될 것으로 생각합니다.

목차

2부 현장에서 나타나는 공공기여

들어가며

왜 공공기여에 주목하는가?

디벨로퍼가 주도하는 부동산개발사업은 지역경제를 견인하고 도시에 활력을 불어넣으며, 낙후된 환경을 개선하는 핵심 수단으로 자리매김해 왔다. 침체된 도심에 주거·상업·편의시설을 공급하여 도시 기능을 재구조화하고, 지역 내 새로운 랜드마크를 만들어내는 일은 디벨로퍼의 역할이자 부동산개발사업의 긍정적 외부효과라 할 수 있다. 이 과정에서 일자리 창출과 세수 확충 등 지역경제에 기여하는 효과도 빈번히 나타난다. 그러나 교통 혼잡, 기반시설 과부하, 환경오염 등 부정적 외부효과를 동시에 수반하며, 지역사회 갈등을 유발하기도 한다.

우리 사회는 이러한 양면성 가운데 특히 부정적 효과에 더 주목해 왔다. 정부와 지자체는 개발이익을 환수하고 부정적 외부효과를 완화하는 데 역량을 집중해 왔으며, 그 역할이 여기에 한정된다는 인식이 뚜렷하게 자리잡고 있다. 실제로 많은 경우 부동산개발사업은 인센티브보다는 규제로 대응되었고, 특히 용도변경이나 규제 완화가 수반되는 대규모 사업에서는 개발이익과 공적 기여의 배분 문제를 둘러싼 형평성과 특혜 논란이 끊이지 않았다.

이에 따라 정부와 지자체는 개발이익 환수 및 부정적 외부효과 완화를 목적으로 다양한 제도를 운영하고 있다. 그러나 각 제도 간 목적과 범위, 적용방식 등이 중첩되거나 불명확하여 현장에서의 혼란을 초래하고 있다. 이 책에서 다루는 공공기여, 기부채납, 무상귀속, 각종 부담금, 교통개선대책, 조세 등이 대표적이다. 이러한 제도들은 정부와 지자체 내부에서도 명확한 경계 없이 혼용하고 있으며, 디벨로퍼 역시 복잡한 중복 부담의 구조를 충분히 이해하기 어려운 실정이다. 그 결과 인허가 과정에서 지자체의 요구에 수동적으로 대응할 수밖에 없으며, 이는 사업의 예측 가능성을 낮추고 사업비 상승과 리스크 가중으로 이어진다.

물론 각 제도는 필요성과 정당한 취지를 가지고 있으며, 도시 질서를 유지하고 부정적 외부효과를 완화하기 위해 반드시 운영되어야 할 장치라는 점에 깊게 공감한다. 다만 실제 사업 현장에서는 상황이 다르게 전개되기도 한다. 제도가 중첩되면서 유사한 부담이 여러 갈래로 부과되거나 누적된 부담이 합리적 수준을 넘어서는 사례가 나타나는 것이다. 일부 사업에서는 기부채납 비중이 전체 사업비의 20~30%를 초과하여, 사업의 지속성에 심각한 부담이 된 사례도 존재한다(유정주, 2011; 강운산, 2013). 이러한 상황 속에서 디벨로퍼는 정당한 시행이익 확보가 어려워지고, 공익과 수익 사이의 균형 있는 사업 진행이 흔들리게 된다. 결국, 제도의 취지를 존중하면서도 현장에서 체감하는 과도한 누적과 불확실성에 대한 개선 요구가 제기될 수밖에 없다.

정책적 논의에서 디벨로퍼의 공공기여는 여전히 과소평가되고 있다. 이제는 디벨로퍼가 실제로 부담하는 공공기여의 규모를 객관적으로 평가하고, 그 제도적 타당성과 합리성을 논의할 필요가 있다. 지금이야말로 제도 전반에 대한 전향적 재검토와 실증적 분석이 요구되는 시점이다.

이 책은 디벨로퍼가 개발사업을 통해 부담하는 공공환원적 성격의 비용 전체를 광의의 공공기여로 정의하고, 그 총량을 객관적으로 살펴보았다. 구체적으로, ▲ 공공기여의 범위를 사전협상에 의한 공공기여, 기부채납, 무상귀속, 각종 부담금, 조세 등을 포함한 개념으로 확장하여 체계적으로 분류·정리하고, ▲ 실제 개발사례를 통해 공공기여가 전체 사업비에서 차지하는 비중을 정량적으로 산출했으며, ▲ 제도의 중복 적용과 불합리한 요소를 검토하여 민간의 예측 가능성과 제도의 실효성을 높일 수 있는 방안을 모색하였다.

이 책이 정부·지자체·디벨로퍼·지역사회 모두가 공감할 수 있는 공공기여의 기준점을 마련되는 데 도움이 되길 바란다. 아울러 디벨로퍼는 이 책을 통해 공공기여 제도 전반에 대한 이해를 넓히고 사업의 예측 가능성을 제고하며, 지역사회와의 상생을 도모함으로써 궁극적으로 지속가능한 개발생태계를 구축해 나가길 기대한다. 나아가 개별 사업 단위를 넘어, 기업 차원의 사회공헌 활동과 지역사회 환원 노력이 함께 확산된다면, 진정한 의미의 '공공기여'가 완성될 것이다.

공공기여, 그 범위와 의미

부동산개발사업에서 디벨로퍼가 수행하는 다양한 공적 기여와 부담은 단순한 법적·재정적 의무를 넘어, 도시와 지역사회에 미치는 영향까지 포함하는 넓은 개념으로 이해할 수 있다. 이 책에서는 이를 광의의 공공기여로 정의하고, 실제 부담수준과 제도적 쟁점을 분석하며 개선방안을 모색하고자 한다.

광의의 공공기여는 크게 세 가지 범주로 나누어 살펴본다. 첫째, 협의적 의미의 공공기여다. 이는 법령과 가이드라인에서 명확히 규정된 직접적·물적 성격의 기여를 의미하며, 디벨로퍼가 공공시설이나 부지를 무상으로 제공하거나, 사전협상을 통해 자산이나 서비스를 공공에 귀속시키는 형태가 대표적이다. 흔히 사전협상에 의한 공공기여, 기부채납, 무상귀속이 이에 포함된다.

둘째, 준(準)공공기여 성격의 법적 부담이다. 개발사업과 연계해 법령에 따라 부과되며, 그 재원이 공공으로 귀속된다는 점에서 실질적인 공공기여에 준하는 금전적 부담이다. 개발부담금, 학교용지 부담금과 같은 각종 부담금과 취득세·법인세·부가가치세 등과 같은 조세도 이 범주에 속한다.

셋째, 사회·경제적 기여다. 이는 금전적 의무는 아니지만, 민간개발을 통해 발생하는 정(正)의 외부효과를 의미한다. 지역 내 고용 창출, 소득과 부가가치의 증가 등 개발사업이 지역사회에 주는 다양한 혜택을 포괄한다. 이러한 사회·경제적 기여는 숫자로 환산하기 어려울 수 있으나, 디벨로퍼가 단순히 개발사업을 수행하는 것을 넘어, 지역 발전과 도시 활력에 기여하고 있음을 보여주는 중요한 지표라 할 수 있다.

그림 1 개발사업 절차에 따른 공공기여 부담 범위

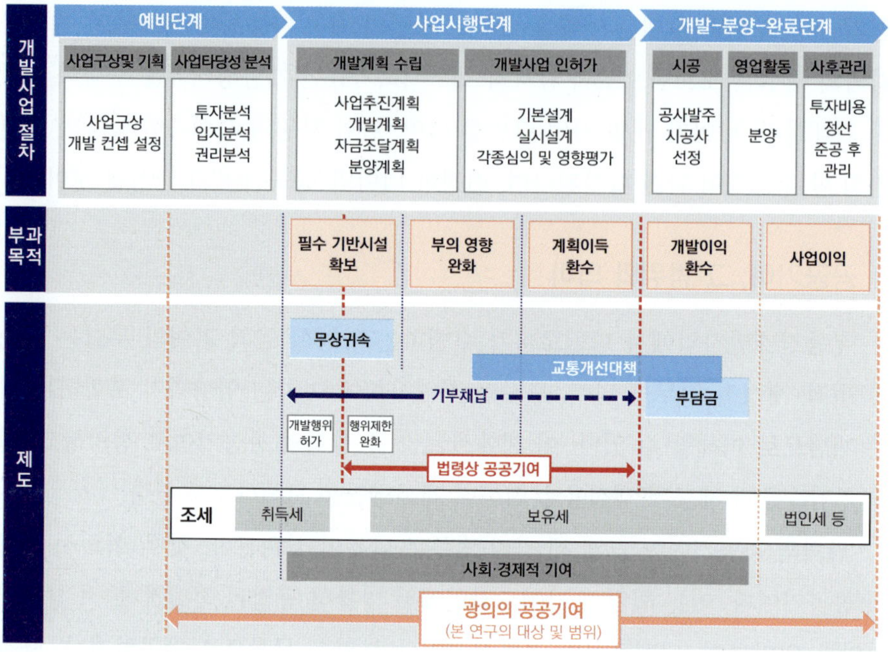

자료: 건설교통위원회, 2007, 「부동산개발업법 제정 당시 검토보고서」; 김지엽, 2025, 「공공기여, 개념과 이론 세미나」 발표자료, 연구진 재구성

표 1 광의의 공공기여 범위

대분류	소분류	비 고
① 협의적 의미의 공공기여	• 사전협상에 의한 공공기여 • 기부채납 • 무상귀속	법·제도적 근거 규정 존재 (국토계획법 등)
② 준(準)공공기여 성격의 법적 부담	• 부담금(개발부담금, 학교용지 부담금 등) • 조세(취·등록세, 부가가치세, 법인세 등)	부담금관리법, 개별 조세법령 등
③ 사회·경제적 기여	• 고용·경제적 파급효과	정의 외부효과, 실증분석 자료 기반

공공기여를 제대로 이해하려면, 그 적용 시점과 장소, 방식까지 함께 살펴보는 것이 필요하다. 이 책에서는 국내 부동산개발사업을 중심으로, 특히 사전협상제와 같이 공공기여 제도를 적극적으로 운영하는 몇몇 지방자치단체의 사례를 중심으로 다룬다. 각 제도가 도입된 시점과 현황, 실제 적용 사례까지 함께 살펴봄으로써, 제도가 만들어진 맥락과 특징을 보다 입체적으로 이해할 수 있도록 했다.

또한, 문헌만으로 충분히 드러나지 않는 현장의 상황도 함께 살펴본다. 학계와 업계 전문가들의 의견을 참고하여, 행정 절차의 모호성, 제도 간 중첩으로 발생하는 문제, 실제 적용 과정에서의 어려움 등을 보완적으로 확인하였다. 이를 통해 다양한 법령과 제도가 개발사업의 공적 기여를 어떻게 제도화하고 있는지, 그 현실적인 적용방식까지 이해할 수 있다.

이제 이렇게 정의한 공공기여의 개념과 범위를 바탕으로, 실제 개발사업에서 디벨로퍼가 부담하는 공공기여의 유형과 특징, 그리고 제도적 쟁점까지 보다 구체적으로 살펴보려 한다. 협의적 공공기여, 준공공기여적 법적 부담, 그리고 사회·경제적 기여 등 다양한 측면을 사례와 함께 다룸으로써, 공공기여의 현실과 의미를 입체적으로 이해할 수 있도록 구성하였다.

표 2 공공기여 관련 검토 대상 법령

No.	법률	약칭
1	개발이익 환수에 관한 법률	개발이익환수법
2	건축법	-
3	공유재산 및 물품 관리법	공유재산법
4	국세기본법	-
5	국유재산법	-
6	국토의 계획 및 이용에 관한 법률	국토계획법
7	농어촌특별세법	-
8	대도시권 광역교통 관리에 관한 특별법	광역교통법
9	도시 및 주거환경정비법	도시정비법

No.	법률	약칭
10	도시교통정비 촉진법	도시교통정비법
11	법인세법	–
12	부가가치세법	–
13	부담금관리 기본법	부담금관리법
14	부동산개발사업 관리 등에 관한 법률	부동산개발사업관리법
15	부동산개발업의 관리 및 육성에 관한 법률	부동산개발업법
16	소득세법	–
17	재건축초과이익 환수에 관한 법률	재건축이익환수법
18	조세특례제한법	–
19	종합부동산세법	–
20	주택법	–
21	지방세법	–
22	택지개발촉진법	–
23	학교용지 확보 등에 관한 특례법	학교용지법
24	행정기본법	–
25	헌법	–

PART 1

부동산개발사업의 공공기여

Ⅰ 협의적 의미의 공공기여

- 협의적 의미의 공공기여는 민간개발사업자가 인허가 과정에서 법적으로 부담하도록 규정된 의무적 성격의 기여를 지칭하며, 이는 개발사업이 도시계획적 목표와 공익적 기능을 충족하기 위한 전제 요소로서 기능해 옴
  - 즉, 토지 및 시설물 소유권의 일부 또는 전체를 공공에 이전하는 개념으로 ① 사전협상에 의한 공공기여, ② 기부채납, ③ 무상귀속을 포함함
- 각 제도는 소유권을 공공으로 귀속시킨다는 점에서 적극적인 공공성 확보 수단이 되나, 실무에서는 공공기여 또는 기부채납이라는 명칭으로 혼용되는 경향이 나타나고 있음
- 따라서 제도별 운용 방식과 법적 근거의 차이를 분명히 하기 위해 본 장에서는 ① 사전협상에 의한 공공기여, ② 기부채납, ③ 무상귀속을 각각 정의하고 근거 법령, 특징, 운영 현황 및 사례를 중심으로 살펴봄
- 이를 통해 협의적 의미의 공공기여가 제도화되어 온 과정과 민간개발사업 추진 과정에서 수행하는 역할을 구체적으로 확인하고자 함

그림 1-1 협의적 의미의 공공기여 구성

협의적 의미의 공공기여

01	02	03
사진협상에 의한 공공기여	**기부채납**	**무상귀속**
계획이득의 협의 조정	기반시설 또는 공공시설의 공공이전	정비기반시설 등 소유권의 이전

1.1 사전협상제도: 계획이득의 협의 조정

1) 도입 배경

- (제도 도입) 2008년 11월 서울시는 민간개발로 인한 난개발과 특혜 시비를 방지하고 도시계획의 공공성과 합리성을 확보하기 위해 전국 최초로 「도시계획변경 사전협상제도」를 도입하고 공공기여라는 용어를 본격적으로 사용함
  - 당시 명확한 법률적 근거 없이 서울시 자체 조례 및 행정지침의 제정을 통해 운영되었으며, 민간이 제안하는 개발계획에 대해 사전에 공공과 협의함으로써 개발이익의 사회적 환원과 공공성 확보를 도모하는 방식으로 시작됨
- (공공기여 개념의 등장) 사전협상제도의 핵심 요소인 공공기여는 개발로 인한 민간의 이익을 기부채납·기반시설 설치·현금납부 등의 방식으로 사회에 환원하는 개념이나, 제도 도입 초기에는 명확한 개념 및 산정기준이 부재하였음

- 제도 도입 이후 오랜 기간 학계나 실무에서도 공공기여의 개념과 산정기준이 명확히 정립되지 않아, 지자체별 상이한 적용 기준과 민간사업자와의 갈등이 발생하는 문제가 지속됨(김지엽 외, 2016)

• (법적 기반 마련) 제도의 안정적 운영을 위해 2014년 국토계획법 시행령 제42조의3이 동법 제52조의2로 상향 입법되면서 사전협상제도와 공공기여의 법적 근거가 마련됨

- 2019년 12월 서울시는 그동안 지침만으로 운영되던 사전협상제도의 구체화를 위해 「서울특별시 도시계획변경 사전협상 운영에 관한 조례」를 제정함

• (기준 정비 및 가이드라인) 공공기여 기준의 불명확성과 지자체 간 편차를 해소하기 위해 2025년 3월 국토교통부는 공공기여 가이드라인을 제정하여 개념 및 산정 원칙을 명확히 하고, 제도의 예측 가능성과 일관성을 제고함

- 공공기여 부담 한도를 토지가치 상승분의 70% 이내로 설정하고, 개발사업자의 예측 가능성 향상 및 부담 감면을 위한 합리적 기준을 제시함

• (제도 확산 현황) 현재 사전협상제도는 7곳의 광역지자체(서울·인천·광주·대구·울산·부산·세종)와 20곳의 기초지자체(경기(14), 충청(2), 전라(2), 경상(2))에서 도입·운영 중임

- 도시계획 공공성 확보와 지역균형 발전을 위한 주요 수단으로 광역지자체를 넘어 기초지자체로의 제도 도입이 지속적으로 확대되고 있는 추세임

2) 개요

(1) 개념 및 방식

• (공공기여의 개념) 정상지가 상승분을 초과하여 토지 가치가 상승하는 경우 사업 시행예정자가 공공시설 등의 부지 또는 공공시설 등을 설치하여 제공하거나 공공시설 등 설치비용을 납부하는 것을 말함(국토교통부, 2025)

- 그간 명확한 법적 정의 없이 개발이익 환수, 기부채납, 사전협상제도 등과 혼용되어 사용되어왔으나, 최근 국토교통부의 「공공기여 가이드라인」 제정과 함께 개념이 명확히 정립됨

- (필요성) 도시계획상 용도지역 상향이나 도시계획시설 폐지 등이 이루어질 경우 해당 토지의 가치의 급격한 상승을 유발하는데, 이때의 상승은 토지 소유자 또는 사업자의 적극적 노력에 의한 결과보다는 계획 변경에 따른 우발적 이익(계획이득, windfall gain)이므로 이에 대한 사회적 환수의 필요성이 제기됨
  - 공공기여는 이러한 우발적 이익을 공공에 일부 환원함으로써 계획적 개발에 따른 사회적 형평성 확보, 부정적 외부효과의 해소, 공공 인프라의 확보 등을 수행함

그림 1-2 계획이득의 발생과 공공기여

- (목적) 계획이득 환수 총량(토지가치 상승분 이내)의 범위 내에서 원인자부담원칙에 따라 필수 기반시설을 확보하고 부정적 외부효과를 해소하며, 수익자부담원칙에 따라 그 초과분에 대해 현금 납부하여 사회에 환원하는 것을 목적으로 함(김지엽, 2023)
  - 이때, 토지가치 상승분 이내의 계획이득 환수 총량이 곧 '공공기여량'이 되며, 별도의 필수 기반시설이 없더라도 총량의 개념상 공공기여 의무는 유효함

그림 1-3 공공기여의 목적 및 개념

자료: 연구진 작성

- (공공기여 방식: 사전협상제도) 대규모 개발사업 추진 시 도시계획 변경의 타당성과 사업의 공익적 가치를 확보하기 위해, 민간과 공공이 사전에 개발계획과 기여방안에 대해 미리 협의하는 '사전협상제도'가 도입됨
  - 이 제도는 공공기여를 일방적으로 부과하는 대신 민관이 협의를 통해 기여방안을 마련함으로써 도시계획 변경의 합리성과 공공성을 동시에 확보하도록 제도화됨(경기연구원, 2023)
- (제도운영 현황) 2009년 서울시에서 최초로 도입한 이후 2025년 현재 총 27곳의 지자체에서 사전협상제도가 운영되고 있음
  - 2009년 서울, 2012년 부천, 2016년 부산, 2017년 광주(광역시)·대구, 2020년 고양·성남·전주, 2021년 인천·세종·평택·화성, 2022년 양주, 2023년 울산·수원·용인·광주(경기)·나주, 2024년 광명·안산·안양·하남·청주·괴산·창원·구미, 2025년 파주에서 도입·운영 중임

표 1-1 사전협상제도 도입 지자체 현황('25.5)

No	구분	도시명	No	구분	도시명
1	광역 지자체 (7곳)	서울특별시	15	기초 지자체 (20곳)	경기도 용인시
2		부산광역시	16		경기도 광명시
3		광주광역시	17		경기도 수원시
4		대구광역시	18		경기도 안산시
5		인천광역시	19		경기도 안양시
6		세종특별자치시	20		경기도 파주시
7		울산광역시	21		경기도 하남시
8	기초 지자체 (20곳)	경기도 부천시	22		충청북도 청주시
9		경기도 고양시	23		충청북도 괴산군
10		경기도 성남시	24		전라남도 나주시
11		경기도 평택시	25		전라북도 전주시
12		경기도 화성시	26		경상남도 창원시
13		경기도 양주시	27		경상북도 구미시
14		경기도 광주시	-		

(2) 계획이득과 공공기여

- (계획이득의 개념) 토지소유자가 직접적인 개발행위를 하지 않더라도 도시계획의 결정이나 용도지역의 변경 등 공공의 행정계획에 따라 토지이용가치가 상승함으로써 발생하는 비의도적·수동적 이익을 의미함
  - 개발이익환수법 제2조 제1호에서는 '개발이익'을 개발사업의 시행이나 토지이용계획의 변경, 그밖에 사회적·경제적 요인에 따라 정상지가 상승분을 초과하여 개발사업을 시행하는 자나 토지소유자에게 귀속되는 토지가액의 증가분으로 정의함

- 이중 '토지이용계획의 변경'은 사전협상에 의한 공공기여의 근거인 국토계획법 제52조의2 제1항과 동일 맥락으로 해석 가능함
  - 건축 제한이 완화되는 용도지역으로 변경되거나,
  - 도시계획시설 폐지 등 도시계획시설 변경 결정에 따른 행위 제한이 완화되어 발생하는 토지가치 상승분
- 따라서, 개발이익환수법에서 규정하는 '개발이익' 중 토지이용계획 변경으로 발생하는 가치 상승분은 '계획이득'으로 정의 가능함

• (환수 수단) 해석상 개발이익의 범주 내 계획이득이 포함되나, 환수 수단에서는 개발이익은 부담금과 조세 제도, 계획이득은 기부채납이 활용되는 등 차이가 발생하여 명확한 개념적 구분이 필요함

- 개발이익은 토지에서 발생한 초과이익을 회수하여 투기를 방지하고 효율적 이용을 촉진하기 위한 것으로, 부담금관리법상 공익 목적의 금전적 의무인 부담금 또는 조세의 형태로 환수됨
- 도시관리계획 변경 등에 따라 수동적으로 발생하는 계획이득은 조세·부담금과 같은 일률적 금전 부과 방식이 아닌, 도시계획 과정에서의 협의를 통한 공공시설 설치 또는 기반시설 제공 등 비금전적 기여인 기부채납 방식으로 이루어짐

그림 1-4 개발이익환수법상 개발이익의 정의

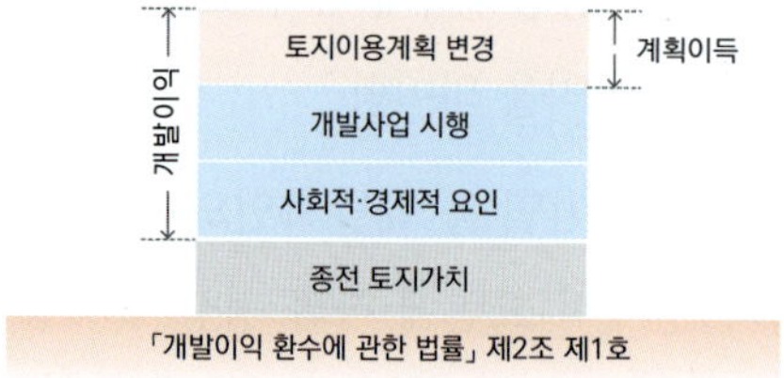

자료: 연구진 작성

그림 1-5 개발이익과 계획이득의 환수 수단

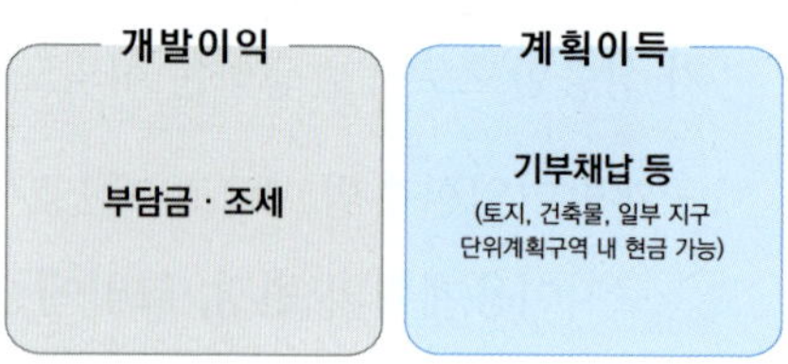

자료: 연구진 작성

표 1-2 계획이득의 개념에 관한 연구

저자	정의
김상일 · 김인희 (2006)	토지소유자의 투자행위와 무관한 용도지역의 변경, 도시계획사업의 결정 등 공공의 계획 결정 및 변경 등으로 인하여 우발적으로 발생하는 개발이익
이우종 외 (2014)	토지소유자의 투자행위와 무관한 용도지역의 변경으로 인하여 우발적으로 발생하는 개발이익
이형찬 외 (2016)	토지소유자의 노력이나 의지와 무관하게 용도지역의 변경, 토지이용계획의 변경, 도시계획사업의 결정 등 공공의 계획과 변경 등으로 지가가 상승하여 발생한 이익
김지엽 (2023)	용도지역의 상향이나 도시계획시설 폐지와 같은 도시관리계획 변경만으로 발생하는 토지가치 상승으로 도시관리계획 결정권자의 권한에 의해 발생하는 우발적 이익

3) 근거 법령

(1) 국토계획법

- 현행 국토계획법에는 '공공기여'라는 용어가 법문에 직접 규정되어 있지는 않으나, 과거 시행령 수준에서 운영되던 공공기여 관련 규정을 상위법으로 상향 입법함으로써 법적 근거가 명확히 정비됨
  - 초기에는 국토계획법 시행령 제42조의3에 따라 용도지역 변경 또는 도시계획시설 결정 변경 등으로 개발행위가 완화되는 경우 그에 상응하는 공공시설 부지제공이나 시설설치를 고려하여 용적률 완화를 허용하는 수준에서 제도가 운영됨
  - 그러나, 시행령 수준에 머무름에 따른 법적 안정성 및 해석상 통일성의 한계로 인해 2021년 1월 국토계획법 제52조의2 및 동법 시행령 제46조의2로 관련 규정을 상향 입법하여 공공기여의 근거를 강화함

표 1-3 국토계획법 내 공공기여 관련 조항 개정사항

<table>
<tr><th colspan="2">구분</th><th>기존</th><th>개정('21.1.12.)</th></tr>
<tr><td colspan="2">근거 조항</td><td>시행령 제42조의3
제12호~제15호</td><td>법 제52조의2,
시행령 제46조의2</td></tr>
<tr><td colspan="2">적용사업</td><td colspan="2">• 용도지역 변경으로 용적률이 높아지거나 건축 제한이 완화되는 경우
• 도시계획시설 결정이 변경되어 행위 제한이 완화되는 경우</td></tr>
<tr><td colspan="2">지구단위계획구역 내 공공시설등 필요한 경우 사용처</td><td colspan="2">• 공공시설등의 부지제공
• 공공시설등을 설치하여 제공</td></tr>
<tr><td rowspan="2">지구단위 계획구역 내 공공 시설등 충분한 경우</td><td>사용 범위</td><td>지구단위계획구역 밖의 관할
시군구</td><td>지구단위계획구역 밖의 관할
광역자치단체, 시군</td></tr>
<tr><td>사용처</td><td>• 공공시설등 설치
• 공공시설등 설치비용 부담</td><td>10년 이상 미집행 도시군계획시설, 공공임대주택 등 조례로 정하는 시설, 공공시설 또는 10년 이상 미집행 도시군계획시설에 해당하지 아니하는 기반시설의 설치비용 부담</td></tr>
</table>

자료: 국회입법조사처(2021), 공공기여 제도 변화의 주요 내용과 과제

- 개정된 법 제52조의2에서는 지구단위계획을 통해 토지의 용도지역 변경이나 도시·군계획시설 결정 변경으로 인한 토지가치 상승분 범위 내에서 사업자가 공공시설·기반시설·공공임대주택 등 부지를 제공하거나 설치하도록 규정함
  - 해당 조항은 공공기여를 단순한 행정지침 수준이 아닌 법적 의무로 명시함으로써, 개발이익의 사회적 환수 및 공공 인프라 확보라는 제도적 목적을 분명히 함

표 1-4 지구단위계획 공공기여의 법적 근거

국토계획법 제52조의2(공공시설등의 설치비용 등) 제1항
① 제51조제1항제8호의2 또는 제8호의3에 해당하는 지역의 전부 또는 일부를 지구단위계획구역으로 지정함에 따라 **지구단위계획으로** 제36조제1항제1호 **각 목 간의 용도지역이 변경되어 용적률이 높아지거나 건축제한이 완화되는 경우** 또는 제52조제1항에 따른 지구단위계획으로 제43조에 따른 **도시 · 군계획시설 결정이 변경되어 행위제한이 완화되는 경우**에는 해당 지구단위계획구역에서 건축물을 건축하려는 자(제26조제1항제2호에 따라 도시 · 군관리계획이 입안되는 경우 입안 제안자를 포함한다)가 용도지역의 변경 또는 도시 · 군계획시설 결정의 변경 등으로 인한 토지가치 상승분(「감정평가 및 감정평가사에 관한 법률」에 따른 감정평가법인등이 용도지역의 변경 또는 도시 · 군계획시설 결정의 변경 전 · 후에 대하여 각각 감정평가한 토지가액의 차이를 말한다)의 범위에서 지구단위계획으로 정하는 바에 따라 해당 지구단위계획구역 안에 다음 각 호의 시설의 **부지를 제공하거나 공공시설등을 설치하여 제공**하도록 하여야 한다. 〈개정 2024. 2. 6.〉 **1. 공공시설** **2. 기반시설** **3.** 「공공주택 특별법」 제2조제1호가목에 따른 **공공임대주택** 또는 「건축법」 및 같은 법 시행령 별표 1 제2호라목에 따른 기숙사 등 **공공 필요성**이 **인정**되어 해당 시 · 도 또는 대도시의 조례로 정하는 **시설**

- 한편, 2023년 국토교통부는 「도시계획 혁신방안」에 따라 공간혁신 3종 구역(도시혁신구역 · 복합용도구역 · 입체복합구역)을 도입하고, 이에 대응하여 2024년 2월 국토계획법을 개정(제40조의6 신설)함으로써 공간혁신구역 지정에 따른 지가상승분을 공공기여 방식으로 환수할 수 있도록 법적 근거를 확장함
  - 신설된 제40조의6 제2항은 공공시설등의 부지제공·설치·비용 납부 등에 관한 세부 규정을 제52조의2를 준용하도록 하여 제도운영의 일관성을 확보함
  - 또한, 동일 사업에 개발이익환수법에 따른 개발부담금 또는 재건축이익환수법상의 재건축부담금이 부과되는 경우, 공공시설 설치 의무가 적용되지 않도록 하는 이중 환수 방지 장치를 마련함

표 1-5 공간혁신구역 공공기여의 법적 근거

국토계획법 제40조의6(도시혁신구역, 복합용도구역, 입체복합구역에 대한 공공시설등의 설치비용 등)
① 다음 각 호의 어느 하나에 해당하는 구역 안에서 개발사업이나 개발행위를 하려는 자(제26조제1항제5호에 따라 도시 · 군관리계획을 입안하거나 제35조의3에 따라 공간재구조화계획을 입안하는 경우 입안 제안자를 포함한다)는 **건축물이나 그 밖의 시설의 용도, 건폐율, 용적률 등의 건축제한 완화 또는 행위제한 완화로 인한 토지가치 상승분**(「감정평가 및 감정평가사에 관한 법률」에 따른 감정평가법인등이 해당 구역에 따른 계획 등의 변경 전 · 후에 대하여 각각 감정평가한 토지가액의 차이를 말한다)**의 범위에서 해당 구역에 따른 계획으로 정하는 바에 따라 해당 구역 안에 제52조의2제1항 각 호의 시설**(이하 이 조 및 제52조의2에서 "공공시설등"이라 한다)**의 부지를 제공하거나 공공시설등을 설치하여 제공**하도록 하여야 한다. 1. 제40조의3에 따른 도시혁신구역 2. 제40조의4에 따른 복합용도구역 3. 제40조의5에 따른 입체복합구역 ② 제1항에 따른 공공시설등의 부지제공과 설치, 비용납부 등에 관하여는 제52조의2제2항부터 제6항까지를 준용한다. 이 경우 "지구단위계획구역"은 각각 "도시혁신구역", "복합용도구역", "입체복합구역"으로, "지구단위계획"은 각각 "도시혁신계획", "복합용도계획", "도시 · 군관리계획"으로 본다. ③ 제1항 및 제2항은 제1항 각 호의 구역이 의제되는 경우에도 적용한다. **다만,** 다음 각 호의 **부담금이 부과**(해당 법률에 따라 부담금을 면제하는 경우를 포함한다)**되는 경우에는 그러하지 아니하다.** 1. 「개발이익 환수에 관한 법률」에 따른 **개발부담금** 2. 「재건축초과이익 환수에 관한 법률」에 따른 **재건축부담금**

- 이와 같이 공공기여의 법적 기반은 국토계획법 시행령에서 출발하여 제52조의2 상향입법, 나아가 제40조의6 신설에 이르기까지 단계적 정비를 통해 점차 그 기반을 강화해 옴
  - 이러한 변화는 규정의 형식적 격상에 그치지 않고, 규제 완화를 매개로 발생하는 계획이득을 공공에 귀속시키려는 입법적 의도를 제도적으로 반영한 결과임

- 따라서 국토계획법상 공공기여 규정은 민간개발사업에서 발생하는 계획이득을 포착·환수하는 핵심 장치로써, 협의적 의미의 공공기여를 뒷받침하는 가장 중요한 법적 토대로 자리매김함

(2) 지자체별 관련 조례 및 지침

- (조례 및 지침 수립 현황) 2025년 현재 기준, 「도시계획변경 사전협상 운영에 관한 조례」를 제정·운영 중인 지자체는 총 14곳(광역 6곳, 기초 8곳)이며, 운영지침 및 기준을 도입한 지자체는 총 20곳(광역 6곳, 기초 14곳)으로 확인됨
  - 서울특별시는 2009년 2월 도시계획변경 사전협상 운영지침을 제정하며 최초로 사전협상제도를 도입한 후, 2019년 12월 전국 최초로 관련 조례를 제정함(2025년 5월 운영지침 8차 개정 완료)
  - 이후 2012년 부천시에서 성공적으로 사전협상제도를 도입하였으며, 부산광역시, 광주광역시, 대구광역시 등 현재까지 총 27개의 지자체에서 적극적으로 도입·확산되고 있는 추세임

표 1-6 지자체별 관련 조례 및 운영지침·기준 제정 현황

No.	구분		도입 시기	제도 현황	제정일	
					조례	운영지침·기준
1	광역 지자체 (7)	서울특별시	2009	조례·지침	'19.12.31.	'09.02.16.
2		부산광역시	2016	조례·지침	'20.05.27.	'16.02.11.
3		광주광역시	2017	조례·지침	'21.09.29.	'17.03.01.
4		대구광역시	2017	조례·지침	'21.04.12.	'17.07.10.
5		인천광역시	2020	조례·지침	'20.10.07.	'21.09.08.
6		세종특별자치시	2021	지침	-	'21.12.31.
7		울산광역시	2023	조례	'23.12.28.	-

No.	구분		도입 시기	제도 현황	제정일	
					조례	운영지침·기준
8	기초 지자체 (20)	경기 부천시	2012	지침	–	'12.10.22.
9		경기 고양시	2020	지침	–	'20.01.10.
10		경기 성남시	2020	조례·지침	'25.04.07.	'20.06.29.
11		경기 평택시	2021	지침	–	'21.01.04.
12		경기 화성시	2021	지침	–	'21.04.07.
13		경기 양주시	2022	지침	–	'22.08.16.
14		경기 광주시	2023	지침	–	'23.05.12.
15		경기 용인시	2023	지침	–	'23.06.13.
16		경기 광명시	2023	지침	–	'23.07.26.
17		경기 수원시	2023	조례	'23.09.27.	–
18		경기 안산시	2024	지침	–	'24.06.24.
19		경기 안양시	2025	지침	–	'25.02.28.
20		경기 파주시	2025	조례	'25.02.28.	–
21		경기 하남시	2025	지침	–	'25.03.31.
22		충북 청주시	2024	조례	'24.11.15.	–
23		충북 괴산군	2024	조례	'24.12.27.	–
24		전남 나주시	2023	조례	'23.01.06.	–
25		전북 전주시	2023	지침	–	'23.09.21.
26		경남 창원시	2024	조례	'24.07.31.	–
27		경북 구미시	2024	지침	–	'24.05.08.

- (사전협상 적용대상) 각 지자체의 사전협상 조례 및 지침은 국토계획법 제51조에 따른 일정 규모(5천㎡ 또는 1만㎡) 이상의 유휴부지 또는 대규모 시설 이전부지를 대상으로 하거나, 제26조에 따른 민간 또는 주민이 제안하여 규제가 완화되는 도시관리계획 결정·변경에 적용됨

표 1-7 지자체별 사전협상(공공기여협상) 적용대상

구분		근거 법	적용대상
광역지자체(7)	서울특별시	• 국토계획법 §51①⑧의2~⑧의3, • 「서울특별시 도시계획 조례」§16④	• 5천㎡ 이상의 부지
	부산광역시	• 국토계획법 §51①⑧의2~⑧의3, • 「부산광역시 도시계획 조례」§16③	• 5천㎡ 이상의 부지
	광주광역시	국토계획법 §51①⑧의2~⑧의3	• 1만㎡ 이상 유휴토지 또는 대규모 시설 이전부지
	대구광역시	• 국토계획법 §51①⑧의2~⑧의3, • 「대구광역시 도시계획 조례」§17④	• 5천㎡ 이상의 대규모 유휴 부지
	인천광역시	• 국토계획법 §51①⑧의2~⑧의3, • 「인천광역시 도시계획 조례」§15②	• 5천㎡ 이상의 부지
	세종특별자치시	• 국토계획법 §26①	• 민간이 제안하여 규제가 완화되는 도시관리계획 변경
	울산광역시	• 국토계획법 §51①⑧의2~⑧의3	• 5천㎡ 이상의 부지
기초지자체(20)	경기 부천시	• 국토계획법 §26①	• 주민이 제안하는 도시관리계획 결정(변경)
	경기 고양시	• 국토계획법 §26①	• 주민이 제안하여 규제가 완화되는 도시관리계획 변경
	경기 성남시	• 국토계획법 §26, §51①⑧의2~⑧의3	• 5천㎡ 이상의 주민이 제안하여 규제가 완화(용도지역 상향 등)되는 도시관리계획 변경
	경기 평택시	• 국토계획법 §26①	• 민간이 제안하여 규제가 완화되는 도시관리계획 결정(변경)
	경기 화성시	• 국토계획법 §26①, §51①	• 주민이 제안하여 규제가 완화되는 지구단위계획과 관련된 도시계획변경
	경기 양주시	• 국토계획법 §26①	• 민간이 제안하여 규제가 완화되는 도시관리계획 변경
	경기 광주시	• 국토계획법 §26①	• 민간이 제안하여 규제가 완화되는 도시관리계획 변경

구분		근거 법	적용대상
기초지자체(20)	경기 용인시	• 국토계획법 §26①	• 민간이 제안하여 규제가 완화되는 도시관리계획 변경
	경기 광명시	• 국토계획법 §26①	• 민간이 제안하여 규제가 완화되는 도시관리계획 변경
	경기 수원시	• 국토계획법 §51①⑧의2~⑧의3, • 「수원시 도시계획 조례」§16②	-
	경기 안산시	• 국토계획법 §26①,§51①⑧의2~⑧의3	• 민간이 제안하여 규제가 완화되는 도시관리계획 결정(변경)
	경기 안양시	• 국토계획법 §51①⑧의2~⑧의3, • 「안양시 도시계획 조례」§14②	• 5천㎡ 이상의 유휴토지 또는 대규모 시설의이전부지
	경기 파주시	• 국토계획법 §26①	• 주민이 제안하는 도시관리계획 결정(변경)
	경기 하남시	• 국토계획법 §26①,§51①⑧의2~⑧의3 • 「하남시 도시계획 조례」§15②	• 민간이 제안하여 규제가 완화되는 도시관리계획 결정(변경)
	충북 청주시	• 국토계획법 §51①⑧의2~⑧의3, • 「청주시 도시계획 조례」§14②	• 5천㎡ 이상의 대규모 유휴부지
	충북 괴산군	• 국토계획법 §51①⑧의2~⑧의3, • 「괴산군 군계획 조례」§11	• 5천㎡ 이상의 유휴토지 또는 대규모 시설의 이전부지
	전남 나주시	• 국토계획법 §51①⑧의2~⑧의3	• 1만㎡ 이상의 유휴토지 또는 대규모 시설의 이전부지
	전북 전주시	• 국토계획법 §51	• 낙후된 도심기능 회복 또는 중심지 육성 필요지역, • 5천㎡ 이상 유휴토지 또는 대규모 시설 이전부지
	경남 창원시	• 국토계획법 §51①⑧의2~⑧의3, • 「창원시 도시계획 조례」§16의2①	• 복합적 토지이용 증진 필요지역, • 5천㎡ 이상 유휴토지 또는 대규모 시설 이전부지
	경북 구미시	• 국토계획법 §26①	• 민간이 제안하여 규제가 완화되는 도시관리계획 변경

- (공공기여율 산정) 지자체별 사전협상 관련 조례 및 지침상 도시관리계획 변경의 유형에 따라 ① 용도지역 변경, ② 도시계획시설폐지 등, ③ 허용용도 완화 등으로 각각 규정되고 있음

① (용도지역 변경) 대부분의 지자체에서 해당 토지면적에 증가하는 용적률의 5/10 또는 6/10을 변경되는 용도지역의 용적률로 나눈 값으로 공공기여율을 산정함

- 일부 지자체(부산광역시, 전주시, 창원시 등)는 토지가치 상승분의 100%를 적용하기도 하며, 공동주택 포함 여부 또는 지역적 특성(권역 설정 등)에 따라 세부기준이 상이할 수 있음

② (도시계획시설 폐지 등) 도시계획시설 결정·폐지·복합화 등 변경으로 인한 공공기여율은 적게는 10% 내외부터 20% 내외까지 적용되고 있음

- 일부 지자체에서는 기본적으로 15%의 공공기여율을 적용하고, 공동주택(아파트)·오피스텔이 포함될 경우 20% 수준까지 상향되도록 함

③ (허용용도 완화 등) 건축물 허용 용도의 완화 또는 불허 용도의 허용과 같은 지구단위계획 변경 시 공공기여율은 대부분 12.5% 수준으로 확인됨

- 공동주택·준주택 포함 또는 준공된 택지개발지구 내 용도 완화 등의 경우, 15~25%까지의 공공기여율이 적용되기도 함

⇒ (도시관리계획 변경의 중첩) 위의 용도지역 변경, 도시계획시설 폐지, 허용용도 완화 등 도시관리계획 변경사항 중 2가지 이상이 중첩되는 경우 각각의 공공기여 비율을 합산 후 5%p를 감한 비율로 정함

표 1-8 지자체별 사전협상(공공기여협상) 공공기여율 산정

<table>
<tr><th colspan="2">지역</th><th colspan="2">공공기여율</th></tr>
<tr><td rowspan="17">광역지자체(7)</td><td rowspan="4">서울특별시</td><td>① 용도지역 변경</td><td>• 증가하는 용적률의 6/10에 해당하는 토지가치</td></tr>
<tr><td>② 도시계획시설 폐지 등</td><td>• 용도지역 변경 여부에 따라 공공기여율 상이
<table><tr><th colspan="2">용도지역 변경 여부</th><th>비율</th></tr><tr><td colspan="2">변경 없음</td><td>20%</td></tr><tr><td rowspan="2">변경 있음</td><td>일반주거 → 일반상업</td><td>35%</td></tr><tr><td>일반주거 → 준주거</td><td>25% 내외</td></tr></table></td></tr>
<tr><td>③ 허용용도 완화 등</td><td>-</td></tr>
<tr><td>⇒ ①, ② 중첩 시</td><td>• 각각 공공기여비율 총량 합산 후 5% 감한 비율</td></tr>
<tr><td rowspan="3">부산광역시</td><td>① 용도지역 변경</td><td>• 토지가치 상승분(100%)</td></tr>
<tr><td>② 도시계획시설 폐지 등</td><td>• 10% 내외</td></tr>
<tr><td>③ 허용용도 완화 등</td><td>-</td></tr>
<tr><td rowspan="4">광주광역시</td><td>① 용도지역 변경</td><td>• 증가하는 용적률의 5/10에 해당하는 토지가치</td></tr>
<tr><td>② 도시계획시설 폐지 등</td><td>• 20% 내외</td></tr>
<tr><td>③ 허용용도 완화 등</td><td>-</td></tr>
<tr><td>⇒ ①, ② 중첩 시</td><td>• 각각 공공기여비율 총량 합산 후 5% 감한 비율</td></tr>
<tr><td rowspan="4">대구광역시</td><td>① 용도지역 변경</td><td>• 증가하는 용적률의 5/10에 해당하는 토지가치</td></tr>
<tr><td>② 도시계획시설 폐지 등</td><td>• 15% 내외</td></tr>
<tr><td>③ 허용용도 완화 등</td><td>-</td></tr>
<tr><td>⇒ ①, ② 중첩 시</td><td>• 각각 공공기여비율 총량 합산 후 5% 감한 비율</td></tr>
<tr><td rowspan="2">인천광역시</td><td>① 용도지역 변경</td><td>• 증가하는 용적률의 6/10에 해당하는 토지가치</td></tr>
<tr><td>② 도시계획시설 폐지 등</td><td>• 20% 내외</td></tr>
</table>

<table>
<tr><th colspan="2">지역</th><th colspan="2">공공기여율</th></tr>
<tr><td rowspan="9">광역지자체(7)</td><td rowspan="2">인천광역시</td><td>③ 허용용도 완화 등</td><td>• 12.5% 내외</td></tr>
<tr><td>⇒ ①, ②, ③ 중첩 시</td><td>• 각각 공공기여비율 총량 합산 후 5% 감한 비율</td></tr>
<tr><td rowspan="4">세종
특별자치시</td><td>① 용도지역 변경</td><td>• 증가하는 용적률의 5/10에 해당하는 토지가치(산정된 공공기여율 10% 미만일 경우, 10% 적용)</td></tr>
<tr><td>② 도시계획시설 폐지 등</td><td>• 15%</td></tr>
<tr><td>③ 허용용도 완화 등</td><td><table><tr><th>구분</th><th>비율</th></tr><tr><td>불허 건축물용도 허용, 기결정 건축물 용도변경·추가</td><td>12.5%</td></tr><tr><td>공동주택(오피스텔 포함) 추가</td><td>25.0%</td></tr></table></td></tr>
<tr><td>⇒ ①, ②, ③ 중첩 시</td><td>• 각각 공공기여비율 총량 합산 후 5% 감한 비율</td></tr>
<tr><td rowspan="3">울산광역시</td><td>① 용도지역 변경</td><td>• 토지가치 상승분(지구단위계획 수립체계에 따름)</td></tr>
<tr><td>② 도시계획시설 폐지 등</td><td>-</td></tr>
<tr><td>③ 허용용도 완화 등</td><td>-</td></tr>
<tr><td rowspan="6">기초지자체(20)</td><td rowspan="4">경기
부천시</td><td>① 용도지역 변경</td><td>• 증가하는 용적률의 5/10에 해당하는 토지가치</td></tr>
<tr><td>② 도시계획시설 폐지 등</td><td>• 기본 15%, 공동주택(아파트)·오피스텔 포함 20%</td></tr>
<tr><td>③ 허용용도 완화 등</td><td>• 기본 15%, 공동주택(아파트)·오피스텔 포함 20%</td></tr>
<tr><td>⇒ ①, ②, ③ 중첩 시</td><td>• 각각 공공기여비율 총량 합산 후 5% 감한 비율</td></tr>
<tr><td rowspan="2">경기
고양시</td><td>① 용도지역 변경</td><td>• 증가하는 용적률의 5/10에 해당하는 토지가치
※ 사업 특수성 감안, 산정된 공공기여율 10% 범위 내 강화(가중치) 적용 가능</td></tr>
<tr><td>② 도시계획시설 폐지 등</td><td>• 15%</td></tr>
</table>

<table>
<tr><th colspan="2">지역</th><th colspan="2">공공기여율</th></tr>
<tr><td rowspan="15">기초지자체(20)</td><td rowspan="2">경기 고양시</td><td>③ 허용용도 완화 등</td><td>• 12.5%</td></tr>
<tr><td>⇒ ①, ②, ③ 중첩 시</td><td>• 각각 공공기여비율 총량 합산 후 5% 감한 비율</td></tr>
<tr><td rowspan="4">경기 성남시</td><td>① 용도지역 변경</td><td>• 증가하는 용적률의 5/10에 해당하는 토지가치</td></tr>
<tr><td>② 도시계획시설 폐지 등</td><td>• 15%</td></tr>
<tr><td>③허용용도 완화 등</td><td>• 12.5%</td></tr>
<tr><td>⇒ ①, ②, ③ 중첩 시</td><td>• 각각 공공기여비율 총량 합산 후 5% 감한 비율</td></tr>
<tr><td rowspan="4">경기 평택시</td><td>① 용도지역 변경</td><td>• 증가하는 용적률의 5/10에 해당하는 토지가치</td></tr>
<tr><td>② 도시계획시설 폐지 등</td><td>• 20%
※ 사업 특수성 감안, 산정된 공공기여율 5% 범위 내 강화(가중치) 적용 가능</td></tr>
<tr><td>③ 허용용도 완화 등</td><td>–</td></tr>
<tr><td>⇒ ①, ② 중첩 시</td><td>• 각각 공공기여비율 총량 합산 후 5% 감한 비율</td></tr>
<tr><td rowspan="3">경기 화성시</td><td>① 용도지역 변경</td><td>• 공동주택 미포함 시, 증가하는 용적률의 5/10에 해당하는 토지가치
• 공동주택 포함시 권역별 기준적용<table><tr><th>1권역</th><th>2권역</th><th>3권역</th><th>4권역</th></tr><tr><td>60%</td><td>45%</td><td>30%</td><td>15%</td></tr></table></td></tr>
<tr><td>② 도시계획시설 폐지 등</td><td>• 15%</td></tr>
<tr><td>③ 허용용도 완화 등</td><td><table><tr><th>구분</th><th>비율</th></tr><tr><td>1) 불허 건축물용도 허용, 기결정 건축물 용도변경·추가</td><td>12.5%</td></tr><tr><td>2) 택지개발지구, 공공주택지구, 정비구역 준공 후 1)에 해당하는 경우</td><td>25.0%</td></tr></table></td></tr>
</table>

<table>
<tr><th colspan="2">지역</th><th colspan="2">공공기여율</th></tr>
<tr><td rowspan="12">기초지자체(20)</td><td rowspan="4">경기 양주시</td><td>① 용도지역 변경</td><td>• 증가하는 용적률의 5/10에 해당하는 토지가치
• 단, 준공업지역은 차등적용 계수 적용<table><tr><th colspan="4">주거용지비율</th></tr><tr><th>60% 미만</th><th>60~70%</th><th>70~80%</th><th>80~90%</th></tr><tr><td>0.5</td><td>0.6</td><td>0.7</td><td>0.8</td></tr></table></td></tr>
<tr><td>② 도시계획시설 폐지 등</td><td>• 15%</td></tr>
<tr><td>③ 허용용도 완화 등</td><td><table><tr><th>구분</th><th>비율</th></tr><tr><td>지구단위계획구역 내 허용용도 완화</td><td>12.5%</td></tr><tr><td>준공된 택지개발사업
(공동주택(아파트)·오피스텔 포함)</td><td>25.0%</td></tr></table></td></tr>
<tr><td>⇒ ①, ②, ③ 중첩 시</td><td>• 각각 공공기여비율 총량 합산 후 5% 감한 비율</td></tr>
<tr><td rowspan="4">경기 광주시</td><td>① 용도지역 변경</td><td>• 공통주택 미포함 시, 증가하는 용적률의 5/10에 해당하는 토지가치
• 공동주택 포함 시, 35/100에 해당하는 토지가치</td></tr>
<tr><td>② 도시계획시설 폐지 등</td><td>• 15%
※ 사업 특수성 감안, 산정된 공공기여율 5% 범위 내 강화(가중치) 적용 가능</td></tr>
<tr><td>③ 허용용도 완화 등</td><td>• 12.5%</td></tr>
<tr><td>⇒ ①, ②, ③ 중첩 시</td><td>• 각각 공공기여비율 총량 합산 후 5% 감한 비율</td></tr>
<tr><td rowspan="4">경기 용인시</td><td>① 용도지역 변경</td><td>• 증가되는 용적률의 5/10에 상당하는 토지가치
(단, 자연녹지에서 공동주택 포함 변경시 3/10 적용)</td></tr>
<tr><td>② 도시계획시설 폐지 등</td><td>• 15%</td></tr>
<tr><td>③ 허용용도 완화 등</td><td>• 12.5%</td></tr>
<tr><td>⇒ ①, ②, ③ 중첩 시</td><td>• 각각 공공기여비율 총량 합산 후 5% 감한 비율</td></tr>
</table>

<table>
<tr><th colspan="2">지역</th><th colspan="2">공공기여율</th></tr>
<tr><td rowspan="19">기초지자체(20)</td><td rowspan="4">경기 광명시</td><td>① 용도지역 변경</td><td>• 증가하는 용적률의 5/10에 해당하는 토지가치</td></tr>
<tr><td>② 도시계획시설 폐지 등</td><td>• 15%</td></tr>
<tr><td>③ 허용용도 완화 등</td><td>• 12.5%</td></tr>
<tr><td>⇒ ①, ②, ③ 중첩 시</td><td>• 각각 공공기여비율 총량 합산 후 5% 감한 비율</td></tr>
<tr><td rowspan="3">경기 수원시</td><td>① 용도지역 변경</td><td>• 토지가치 상승분 범위 내</td></tr>
<tr><td>② 도시계획시설 폐지 등</td><td>–</td></tr>
<tr><td>③ 허용용도 완화 등</td><td>–</td></tr>
<tr><td rowspan="4">경기 안산시</td><td>① 용도지역 변경</td><td>• 증가하는 용적률의 5/10에 해당하는 토지가치</td></tr>
<tr><td>② 도시계획시설 폐지 등</td><td>• 기본 15%, 공동주택·준주택 포함 시 20%</td></tr>
<tr><td>③ 허용용도 완화 등</td><td>• 20%</td></tr>
<tr><td>⇒ ①, ②, ③ 중첩 시</td><td>• 각각 공공기여비율 총량 합산 후 5% 감한 비율</td></tr>
<tr><td rowspan="4">경기 안양시</td><td>① 용도지역 변경</td><td>• 증가하는 용적률의 5/10에 해당하는 토지가치</td></tr>
<tr><td>② 도시계획시설 폐지 등</td><td>• 15%</td></tr>
<tr><td>③ 허용용도 완화 등</td><td>–</td></tr>
<tr><td>⇒ ①, ② 중첩 시</td><td>• 각각 공공기여비율 총량 합산 후 5% 감한 비율</td></tr>
<tr><td rowspan="2">경기 파주시</td><td>① 용도지역 변경</td><td>• 증가하는 용적률의 권역별 기준에 해당하는 토지가치<table><tr><th>1권역</th><th>2권역</th><th>3권역</th></tr><tr><td>50%</td><td>30%</td><td>15%</td></tr></table></td></tr>
<tr><td>② 도시계획시설 폐지 등</td><td>15%</td></tr>
</table>

<table>
<tr><th colspan="2">지역</th><th colspan="2">공공기여율</th></tr>
<tr><td rowspan="20">기초지자체(20)</td><td>경기
파주시</td><td>③ 허용용도 완화 등</td><td><table><tr><th>구분</th><th>비율</th></tr><tr><td>불허 건축물용도 허용, 기결정
건축물 용도변경·추가(용도지역 변경 제외)</td><td>12.5%</td></tr><tr><td>준공된 택지개발사업</td><td>15.0%</td></tr></table></td></tr>
<tr><td rowspan="4">경기
하남시</td><td>① 용도지역 변경</td><td>• 증가하는 용적률의 5/10에 해당하는 토지가치</td></tr>
<tr><td>② 도시계획시설
폐지 등</td><td>• 기본 15%, 공동주택·준주택 포함 시 20%</td></tr>
<tr><td>③ 허용용도 완화 등</td><td>• 기본 15%, 공동주택·준주택 포함 시 20%</td></tr>
<tr><td>⇒ ①, ②, ③ 중첩 시</td><td>• 각각 공공기여비율 총량 합산 후 5% 감한 비율</td></tr>
<tr><td rowspan="3">충북
청주시</td><td>① 용도지역 변경</td><td>• 토지가치 상승분 범위 내</td></tr>
<tr><td>② 도시계획시설
폐지 등</td><td>-</td></tr>
<tr><td>③ 허용용도 완화 등</td><td>-</td></tr>
<tr><td rowspan="3">충북
괴산군</td><td>① 용도지역 변경</td><td>• 토지가치 상승분 범위 내</td></tr>
<tr><td>② 도시계획시설
폐지 등</td><td>-</td></tr>
<tr><td>③ 허용용도 완화 등</td><td>-</td></tr>
<tr><td rowspan="3">전남
나주시</td><td>① 용도지역 변경</td><td>• 토지가치 상승분 범위 내</td></tr>
<tr><td>② 도시계획시설
폐지 등</td><td>-</td></tr>
<tr><td>③ 허용용도 완화 등</td><td>-</td></tr>
<tr><td rowspan="3">전북
전주시</td><td>① 용도지역 변경</td><td>• 토지가치 상승분(100%)</td></tr>
<tr><td>② 도시계획시설
폐지 등</td><td>-</td></tr>
<tr><td>③ 허용용도 완화 등</td><td>-</td></tr>
</table>

지역		공공기여율	
기초지자체(20)	경남 창원시	① 용도지역 변경	• 토지가치 상승분(100%)
		② 도시계획시설 폐지 등	-
		③ 허용용도 완화 등	-
	경북 구미시	① 용도지역 변경	• 증가하는 용적률의 5/10에 해당하는 토지가치 (산정된 공공기여율 10% 미만일 경우, 10% 적용) • 도시지역 외 보전지역(농림·보전관리·생산관리 지역)을 계획관리지역으로 변경 시 20%
		② 도시계획시설 폐지 등	• 10%
		③ 허용용도 완화 등	-
		⇒ ①, ② 중첩 시	• 각각 공공기여비율 총량 합산 후 5% 감한 비율

자료: 지자체별 「도시계획변경 사전협상 운영에 관한 조례」, 「도시계획변경 사전협상 운영지침」

(3) 공공기여 가이드라인

- (개요) 국토교통부는 2025년 3월, 지구단위계획구역·공간혁신구역 등에서 도시계획 변경으로 발생하는 계획이득을 지역 사회와 합리적으로 공유하고, 공공기여 제도를 일관되고 합리적으로 운영하기 위해 공공기여 가이드라인을 마련·배포함
- (주요 내용) 가이드라인은 공공기여의 정의와 원칙을 명확히 하여, 계획이득이 발생하는 경우 이를 공공시설 설치, 부지제공 또는 설치비용 납부를 통해 사회적으로 환원하도록 규정함
  - 적용대상은 지구단위계획구역이나 공간혁신구역 지정으로 건축물 용도, 건축 제한(건폐율·용적률) 등이 완화되는 경우이며, 재개발·재건축 등 별도의 절차를 거치는 의제 사업은 제외됨

표 1-9 국토교통부 「공공기여 가이드라인」 주요 내용

구분	내용
정의와 원칙	• **공공기여란?** 지구단위계획 등 도시계획 결정으로 **토지가치 상승시 공공시설 설치·부지 제공** 또는 **설치비용 납부**를 통해 계획이득을 사회적으로 공유하는 것 • **계획이득**의 사회적 **공유, 공공성 확보**와 적정수준의 **개발이익 조화, 과도한 공공기여 지양**이 **원칙**
적용대상	• **지구단위계획구역*** 또는 **공간혁신구역** 지정으로 **건축물 용도, 건축 제한**(건폐율, 용적률) 등이 **완화**되는 경우 * ① 복합용도개발, ② 5천㎡이상 유휴부지·이전적지 개발 또는 ③ 도시계획시설 변경·해제시 • 다만, **재개발·재건축 등** 별도의 지구단위계획을 수립하지 않고 다른 절차에 따라 처리되는 **의제 사업**은 **가이드라인 적용대상**에서 **제외**
조례와의 관계	• 공공기여 제도의 일관성·신뢰성 유지를 위해 **조례·지침** 등은 **가이드라인에 우선 적용**
공공시설 설치기준	• 도시군·기본계획 등 **상위계획 이행**을 위한 **시설 우선 반영, 접근성 및 개방성 확보**하여 설치하도록 규정(입주자 편익시설로 전용될 가능성 높은 시설 제외)
부담 한도	• **지가상승분의 70% 이내** • 다만, 사업지역의 용도지역별 지가평균, 개발수요, 기반시설 설치 현황 등 고려하여 사업자에게 사유 설명하는 경우 법적 상한까지 공공기여 허용
감면 기준	• **공공기여량 경감** ① 일자리·재정 창출 등 **공공목적 실현 사업**, ② **사업자가 부담**하는 공공시설등의 **관리·운영비**, ③ **저수익·비주거 기능 중심** 개발, ④ **계획변경과 무관한 지가변동** 등의 경우 • **경감** 또는 **면제** ① **인구감소지역*** 시행 사업, ② 공기업 등 **공공시행 사업** * 행안부가 지정한 전국 89개 인구감소지역('21.10)
지가상승분 산정	• **종전 평가시점**은 **계획안 최초 열람·공고되기 전날, 종후 평가시점**은 공공기여 계획이 포함된 **계획 결정·고시일**로 명확화 • 추첨 통해 선정한 **감정평가법인 2인**의 **평가금액 산술평균**

자료: 국토교통부(2025), 공공기여 가이드라인

- 공공시설 설치 시에는 상위계획과의 연계, 접근성 및 개방성 확보가 강조되며, 입주자 전용 편익시설로 사용될 가능성이 큰 시설은 제외됨
- 공공기여 부담 한도는 토지가치 상승분의 70% 내로 설정되며, 사업 특성에 따라 조율할 수 있음

1.2 기부채납: 기반시설 또는 공공시설의 공공이전

1) 개요

- (개념) 기부채납은 국가 또는 지방자치단체 외의 자가 국가 또는 지방자치단체에 그 소유재산을 국·공유재산으로 증여하는 기부(寄附)의 의사표시를 하고, 국가 또는 지방자치단체는 이를 승낙하는 채납(採納)의 의사표시를 함으로써 성립하는 민법상의 증여계약임(강우원, 2013; 김예성, 2019)
  - 국유재산법상 기부채납은 국가 외의 자가 대상 재산의 소유권을 무상으로 국가에 이전하여 국가가 이를 취득하는 것으로 정의됨
- (대상 재산) 국유재산법 제5조 제1항에 따라 부동산, 선박 및 항공기, 지상권·지역권등 권리 등의 국유재산이 기부채납 대상 재산으로 규정됨
  - ① 부동산과 그 종물, ② 선박 및 항공기와 그 종물, ③ 정부기업 또는 정부시설에서 사용하는 기계와 기구, ④ 지상권·지역권·광업권 등 이에 준하는 권리, ⑤ 증권, ⑥ 특허권·저작권·상표권 등 이에 준하는 권리
- (불가사항의 규정) 국유재산법 제13조 제2항과 공유재산법 제7조 제2항에서는 기부채납이 불가한 사항을 규정함
  - '관리하기 곤란하거나 필요하지 아니한 것인 경우 또는 기부에 조건이 붙은 경우에는 받아서는 아니 된다'라고 규정하고 있으나, '관리하기 곤란하거나 필요하지 아니한 경우'가 어떤 경우인지는 불분명함(강우원, 2013)

• (유형) 기부채납은 방식이나 대가의 유무에 따라 다음의 4가지 유형으로 구분 가능하며, 본 연구에서는 '명시적인 반대급부를 조건으로 기부채납자산을 제공하는 유형'을 중점적으로 다루고자 함

표 1-10 기부채납의 세부 유형

유형	내용
기부채납을 대가로 일정기간 무상사용권을 취득하는 유형	지자체 소유의 토지에 유료도로, 항만시설, 백화점, 골프장 등을 건설하여 기부채납하고 일정기간동안 무상사용권 취득
명시적인 반대급부 조건으로 기부채납자산을 제공하는 유형	건축허가 또는 아파트 건설허가를 조건으로 청소년 수련관이나 주민편의시설을 건설하여 기부채납(※ 본 연구의 주요대상)
기부채납의 대가로 일부자산의 소유권을 취득하는 유형	공유수면 매립허가를 받아 준공한 후 그 대가로 매립지 일부 소유권 취득
사업자가 무상사용권 등의 대가로 재화가 아니라 건설용역 등을 제공하는 유형	공원 위락시설지구 놀이동산의 사업자로 선정되어 놀이동산을 준공하여 기부채납하고 15년간 무상사용 권리를 부여한 경우 용역의 공급에 해당(대법원 1991.3.12 선고 90누6972 판결)

출처: 강우원(2013), 기부채납 법리를 통해서 본 도시계획 관련 법제 정비에 관한 연구, 『도시행정학보』 제26집 제3호

• (특징) 기부채납은 주로 개발이나 인허가 시 부관의 형식으로 운용되며, 행정법상 부관은 비례의 원칙과 부당결부금지의 원칙을 준수해야 함

① (비례의 원칙) 국가권력의 한계를 설정해주는 기능 및 개인 기본권의 효력을 보장하는 기능으로 일반적으로 적합성, 필요성, 균형성의 세 가지 부분원칙으로 구성됨(헌법 제37조 제2항[1], 행정기본법 제10조[2])

1 헌법 제37조 ② 국민의 모든 자유와 권리는 국가안전보장 · 질서유지 또는 공공복리를 위하여 필요한 경우에 한하여 법률로써 제한할 수 있으며, 제한하는 경우에도 자유와 권리의 본질적인 내용을 침해할 수 없다.

2 행정기본법 제10조(비례의 원칙) 행정작용은 다음 각 호의 원칙에 따라야 한다.
1. 행정목적을 달성하는 데 유효하고 적절할 것
2. 행정목적을 달성하는 데 필요한 최소한도에 그칠 것

표 1-11 비례의 원칙 내 부분 원칙

부분 원칙	내용
적합성의 원칙	• 행정기관이 취한 조치 또는 수단이 목적 달성에 적합한 것이어야 함
필요성의 원칙 (최소침해의 원칙)	• 행정조치는 목적 달성을 위한 **필수 불가결한 최소한의 수단**이어야 함 • 적합한 수단이 여러 가지 있는 경우, 관계자에게 **가장 적은 부담을 주는 수단**을 선택해야 함
상당성의 원칙 (협의의 비례원칙)	• 행정조치로 인해 발생하는 **불이익이 그 조치를 통해 달성되는 공익보다 현저히 커서는 안 됨** • 행정 목적의 중요성과 조치로 인해 발생하는 **개별 국민의 불이익 사이에 적절한 비례관계**가 있어야 하며, **관련된 이익 간의 정당한 비교형량**을 요구함

② (부당결부금지의 원칙) 행정작용 시 실질적 관련성이 없는 반대급부를 조건으로 삼아서는 안 된다는 원칙으로 재량 행위의 부관으로는 적용 가능하나 제도적 미비와 법적 한계로 인해 논란과 분쟁의 원인이 되고 있음

- 행정법상 '부관'이란 본래의 행정행위에 부가적으로 붙는 조건을 의미하며, 일반적으로 기속행위에는 부관이 허용되지 않고, 재량행위에만 부관 부여가 허용된다는 것이 다수설임
- 기부채납이 관행적으로 부관으로 인정되어 온 것은 당해 사업과의 실질적 관련성, 즉 필수 기반시설의 수요를 충당하는 원인자 부담의 성격이 인정되었기 때문임
- 판례는 "기속행위나 기속적 재량행위에는 법령상의 특별한 근거가 없는 한 부관을 붙일 수 없고 가사 부관을 붙였다 하더라도 무효"라고 명확히 판시하고 있음(대법원 1993.7.27 선고, 92누13998 판결)

3. 행정작용으로 인한 국민의 이익 침해가 그 행정작용이 의도하는 공익보다 크지 아니할 것

그림 1-6 기부채납 발생 흐름도

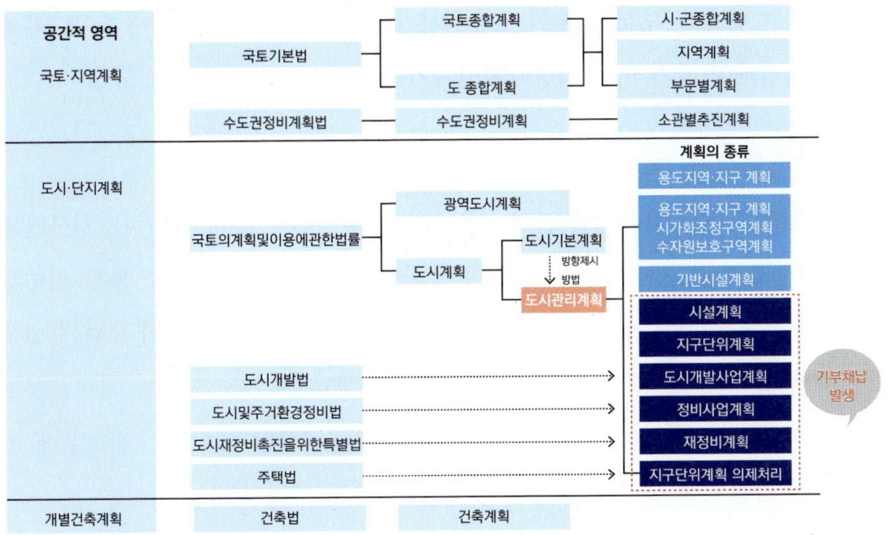

자료: 서울특별시 도시계획국(2014)

2) 근거 법령

- (근거 법령) 기부채납에 관한 정의 및 절차는 국유재산법과 공유재산법에 규정되어 있으나 기부채납이 실제 어떤 경우 이루어질 수 있는지 명시적 기준은 부재한 상황으로(김황규·박훈, 2023; 이주용·정영철, 2024), 구체적 적용은 국토계획법 등 개별 법령에 의존하고 있음

표 1-12 법상 기부채납의 정의

구분	내용
국유재산법 제2조(정의)	2. "기부채납"이란 국가 외의 자가 제5조제1항 각 호에 해당하는 재산의 소유권을 무상으로 국가에 이전하여 국가가 이를 취득하는 것을 말한다.
공유재산법 제2조(정의)	3. "기부채납"이란 지방자치단체 외의 자가 제4조제1항 각 호에 해당하는 재산의 소유권을 무상으로 지방자치단체에 이전하여 지방자치단체가 이를 취득하는 것을 말한다.

- 공통적으로 "국가 또는 지방자치단체 외의 자가 국유·공유재산의 범위에 포함되는 부동산 등의 소유권을 무상으로 국가 또는 지방자치단체에 이전하여 국가 또는 지방자치단체가 이를 취득하는 것"으로 규정

(1) 국토계획법

- (국토계획법상 기부채납 관련 규정) 개발행위 허가, 실시계획인가, 지구단위계획, 용적률 완화 등의 과정에서 공공시설 설치나 용지 제공 등의 의무를 조건으로 부여할 수 있도록 규정하고 있으며, 이는 사실상 기부채납의 성격을 내포한 제도적 근거로 해석할 수 있음(김예성, 2019)
  - 개발행위 허가 또는 실시계획인가 시 국토계획법 제57조, 제88조에 따라 기반시설 설치 또는 용지 확보 등의 조건 부여가 가능함
  - 지구단위계획구역 내 공공시설 설치 시 동법 제52조 제3항 및 시행령 제46조에 따라 공공시설 등의 설치 조건으로 건폐율·용적률·높이 제한 등을 완화 적용할 수 있음
  - 상업지역 또는 도시정비법상의 정비구역에서는 동법 제78조 제4항, 시행령 제85조 제8항에 따라 건축물이 공원, 광장, 도로 등의 공지를 제공하는 경우 대지면적 제공비율에 따라 용적률을 최대 200% 범위 내에서 완화할 수 있음

표 1-13 국토계획법에 따른 기부채납 유형

구분	개발행위허가·실시계획인가 시	지구단위계획구역 내	상업지역·정비구역 내
법적 근거	• 국토계획법 제57조④ 및 시행령 제54조② • 동법 제88조③	• 국토계획법 제52조③ 및 시행령 제46조 • 국토계획법 제52조의2 및 시행령 제46조의2	• 국토계획법 제78조 ④ 및 시행령 제85조⑧
기부채납 대상	• 기반시설의 설치 또는 그에 필요한 용지	• 공공시설등, 부지, 현금	• 공공시설부지

구분	개발행위허가· 실시계획인가 시	지구단위계획구역 내	상업지역·정비구역 내
효과	• 설치 등 조치를 조건으로 개발행위허가·실시계획인가	• 건폐율 · 용적률 및 높이 제한 완화	• 용적률 완화
하위 규정	• 『개발행위허가운영지침』	• 『지구단위계획수립지침』	• 지자체 조례 등

- (하위 훈령) 국토계획법의 하위 훈령인 『개발행위허가운영지침』 및 『지구단위계획수립지침』에서는 기반시설 기부채납과 관련한 구체적 운영기준을 별도로 규정하고 있음
  - 『개발행위허가운영지침』 제6절에서는 법 제56조 제1항에 따른 개발행위허가와 관련하여 기반시설 기부채납의 기준 및 절차를 명시하고 있으며, 특히 사업추진에 지장을 초래하는 과도한 기부채납은 지양하도록 함
  - 『지구단위계획수립지침』 제17절에서는 지구단위계획구역의 지정 및 변경, 지구단위계획의 수립 및 변경 과정에서 주민제안 도시·군관리계획에 대한 기반시설 기부채납 운영기준을 규정하고, 총 부담률은 협의를 통해 결정하되 25%를 초과하지 않도록 규정함

(2) 기타 법령 및 지자체 운영기준

- 기부채납은 국토계획법 외에도 도시정비법, 주택법 등 개별 법률과 지방자치단체의 운영기준을 통해 구체적으로 규율되고 있으며, 세부 내용은 아래와 같음
- (도시정비법) 기반시설의 기부채납 기준을 명시적으로 규정하며(제51조), 사업시행자가 국민주택규모 임대주택을 공급할 경우 그 부속토지는 기부채납한 것으로 간주함(제55조 제2항)

• (주택법) 주택건설사업 또는 대지조성사업과 직접 관련이 없거나 과도한 기부채납은 허용하지 않음을 명확히 규정하며(제17조), 국토교통부 고시인 『주택건설사업 기반시설 기부채납 운영기준』을 별도 마련하여 구체적인 운영기준을 제시하고 있음

「주택건설사업 기반시설 기부채납 운영기준」

(국토교통부 고시 제2017-543호)

• **(목적)** 주택건설사업자가 토지 등 재산을 승인권자에게 무상이전하여 기부채납하는 경우의 범위와 절차를 명확히 규정함(단, 개발과정에서 부과되는 각종 부(분)담금 제외)

• **(적용대상)** 민간택지 내 주택건설사업(「주택법」 제15조 제1항, 제3항) 대상(단, 기업형 임대주택 공급촉진지구 내 사업은 제외)

• **(기반시설 기부채납 원칙)**

① 공공성을 확보하고 원활한 주택건설사업을 저해하지 아니하는 적정한 수준,

② 결정시기를 명확히 하여 주택건설사업의 예측가능성을 극대화,

③ 기반시설 기부채납 시, 그에 대한 보상으로 추가로 부여받을 수 있는 완화용적률 보장

• **(산정기준)** 무상양여(공공시설의 귀속 포함) 받은 국·공유지 부지면적은 부담면적에서 차감

• **(부담수준)**

- 해당 사업부지 면적의 8% 범위 이내,
- ZEB 등 특례사업 경감 가능,
- 용도지역 내 변경(2종일반→3종일반) 시 10%p 추가 가능,
- 용도지역 간 변경(2종일반→일반상업)은 별도의 기준 설정 가능

• **(기반시설 설치기준)**

- 부지제공을 원칙으로 하되, 도로·공원·녹지·주차장 등은 부지 및 시설을 함께 기부채납
- 기부채납 부지는 주민이 실제 이용 가능한 지역으로 하며, 자투리형 부지는 지양
- 추가 기부채납 요구 금지(사업계획 승인 외 별도 협약서 체결도 금지)

• **(완화용적률 보장 방안)** 기반시설 기부채납을 전제로 부여된 완화용적률은 제한 없이 보장되며, 심의 과정 등에서 제한될 경우 승인권자는 기부채납 부담수준 조정 또는 기타 손실보전 방안 마련

- 국토계획법상 기부채납은 일반법적인 역할을 하여 보충적으로 적용되고 있으며, 주택법과 도시정비법에 따른 사업의 경우 해당 법령이 우선적으로 적용됨
- (서울특별시 운영기준) 서울시는 2011년 공공시설 등의 기부채납을 전제로 상한용적률 인센티브를 계획하는 지구단위계획 및 정비계획에 적용하는 『공공시설 등 기부채납 용적률 인센티브 운영기준』을 제정하여 현재까지 운영 중임('25.3월 일부개정 완료)

「공공시설 등 기부채납 용적률 인센티브 운영기준」

(25.3.18. 서울특별시 행정2부시장 방침 제71호)

- **(목적)** 국토계획법 및 관련 조례 등을 근거로 공공시설 등의 기부채납에 따라 상한 용적률 인센티브를 부여하는 기준을 규정함
- **(적용 범위)** 지구단위계획 및 정비계획 등에 적용(단, 사전협상형 지구단위계획, 역세권활성화 사업, 역세권 장기전세주택사업 등 별도 규정 있는 경우는 예외)
- **(정의)** 국토계획법 및 도시정비법상 공공시설, 기반시설, 정비기반시설, 그리고 현금 기부채납을 포함하며, 제공된 공공시설등은 국·공유재산으로 관리됨
- **(용적률 인센티브 산정 방식)** 공공시설등 제공면적, 순부담면적, 기부채납 건축물 면적 등을 반영하여 실제 인센티브 적용 면적을 산출하며, 현금 기부채납의 경우 부지가액 기준으로 환산하여 적용함
- **(원칙)**

① 충분한 공공성이 확보된 경우에만 인센티브 부여,

② 토지 및 건축물 기부채납이 우선,

③ 현금 기부채납은 필요성 등 위원회의 검토·판단에 따라 제한적 허용

- (국토교통부 운영기준) 2013년 국토교통부는 『기반시설 기부채납 운영기준』을 제정하여 주민제안 도시·군관리계획 수립 및 개발행위허가에 수반되는 기반시설 기부채납의 적용 기준을 마련함
  - 다만, 제정 이후 별도의 개정이 이루어지지 않았으며, 실제 행정현장에서

의 활용도는 매우 낮은 것으로 판단됨

- (조세 관련 법령) 그 외 부가가치세법과 지방세법에서는 기부채납된 시설 등에 대한 과세 기준(취득세·부가가치세 비과세 등)을 규정함

표 1-14 국토교통부 『기반시설 기부채납 운영기준』상 부담 및 설치기준

구분	도시·군관리계획 수립에 대한 기부채납		개발행위허가에 대한 기부채납
	① 지구단위계획 수립, 도시·군계획시설 결정	② 도시·군계획시설 해제	
부담 기준	• 토지면적의 10~20% 수준에서 협의 통해 결정 (※주거 · 상업 · 공업지역은 10~15%) • 최대 25% 초과 지양	• 토지면적 5% 내외 협의 • 최대 10% 초과 지양	• 토지면적의 5% 내에서 협의 • 최대 10% 초과 지양
기반 시설 설치 기준	• 주민 이용이 가능한 위치에 입지 • 배타적 사용 우려 지역 제외 • 시설 기능을 수행할 수 있는 적정규모 확보 • 기존 시설과 연계되지 않는 자투리형 토지 지양		

1.3 무상귀속: 정비기반시설 등 소유권의 이전

1) 개요

- (개념) 개별 법령이 정한 요건을 충족한 경우, 사업시행자가 설치한 정비기반시설(도로, 공원 등) 또는 공공시설(이하 "정비기반시설 등")을 국가나 지방자치단체에 무상으로 귀속시키는 것을 의미하며, 이로 인해 발생하는 사업시행자의 재산상 손실에 대한 경감 차원으로 용도가 폐지된 기존 정비기반시설 등은 무상으로 양도받는 구조임

- 부동산개발사업은 필연적으로 정비기반시설 등에 대한 수요를 수반하므로 국가 또는 지자체는 이에 대한 확보·유지·관리 방안 수립이 필요함
- 원칙적으로는 개발 완료 후 원인자에게 분담금을 징수하여 정비기반시설 등을 설치해야 하나, 분담금 징수와 시설 설치 간 시차로 인해 정비기반시설 등 확보의 실효성이 떨어지는 문제가 발생함
- 이러한 한계를 보완하기 위해 우리나라는 정비기반시설 등 및 부지의 소유권을 행정청에 귀속시키는 무상귀속 방식을 통해 비용의 적정 분담과 효율적 유지·관리를 실현하고자 함(김황규·박훈, 2023)

그림 1-7 무상귀속과 무상양도 대상과 주체

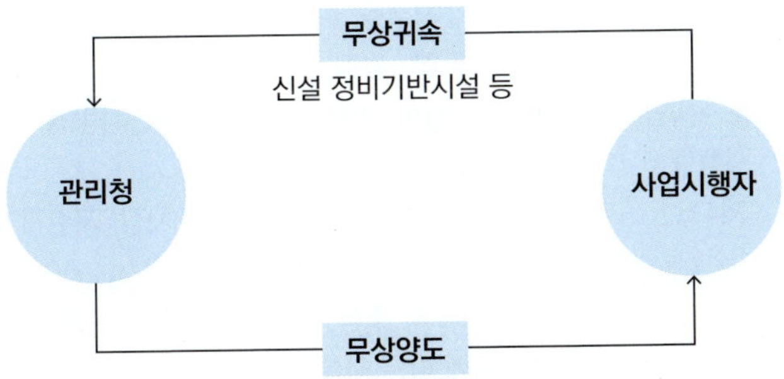

자료: 연구진 작성

• (적용대상) 무상귀속·무상양도의 대상은 공공시설 또는 정비기반시설이며, 관련 법령에 따라 그 범위가 달라질 수 있음
  - 공공시설은 도로, 공원, 철도, 수도, 항만, 공항, 하수도, 광장 등을 포함하며(국토계획법 제2조 제13호 및 동법 시행령 제4조), 스마트도시법상 시설 및 행정청이 설치하는 기타 기반시설도 포함함
  - 한편, 도시정비법상에서는 무상귀속·무상양도의 대상을 정비기반시설로 정의하고 있으며, 도로, 상하수도, 공용주차장, 공동구 등 주민 생활에 필요한 시설로 한정됨

- 다만, 타 법률에서 공공시설의 정의 및 귀속 규정을 별도로 정하는 경우 무상귀속의 대상은 국토계획법상 공공시설에만 한정되지 않음(국토계획법 제65조 제9항)

표 1-15 관련 법령 기반의 기부채납 대상 정의

구분	법령	정의 및 내용
공공시설	국토계획법 제2조	13. "공공시설"이란 도로·공원·철도·수도, 그 밖에 대통령령으로 정하는 공공용 시설을 말한다. 국토계획법 시행령 제4조(공공시설) 법 제2조제13호에서 "대통령령으로 정하는 공공용시설"이란 다음 각 호의 시설을 말한다.
	국토계획법 시행령 제4조	법 제2조제13호에서 "대통령령으로 정하는 공공용시설"이란 다음 각 호의 시설을 말한다. 1. 항만 · 공항 · 광장 · 녹지 · 공공공지 · 공동구 · 하천 · 유수지 · 방화설비 · 방풍설비 · 방수설비 · 사방설비 · 방조설비 · 하수도 · 구거(溝渠: 도랑) 2. 행정청이 설치하는 시설로서 주차장, 저수지 및 그 밖에 국토교통부령으로 정하는 시설 3. 「스마트도시 조성 및 산업진흥 등에 관한 법률」 제2조제3호다목에 따른 시설
정비기반 시설	도시정비법 제2조	4. "정비기반시설"이란 도로 · 상하수도 · 구거(溝渠: 도랑) · 공원 · 공용주차장 · 공동구(「국토의 계획 및 이용에 관한 법률」 제2조제9호에 따른 공동구를 말한다. 이하 같다), 그 밖에 주민의 생활에 필요한 열 · 가스 등의 공급시설로서 대통령령으로 정하는 시설을 말한다.
특례조항	국토계획법 제65조	⑨ 공공시설의 귀속에 관하여 다른 법률에 특별한 규정이 있는 경우에는 이 법률의 규정에도 불구하고 그 법률에 따른다.

- (시점) 개발행위 준공검사를 기준으로 귀속 시점이 정해지며, 개발 주체가 누구인지에 따라 방식이 달라짐

① (개발행위허가를 받은 자가 행정청인 경우) 준공검사 후 해당 시설의 종류 및 토지의 세목을 관리청에 통지해야 하며, 통지한 날에 해당 시설이 관리청에 귀속된 것으로 간주됨

② (개발행위허가를 받은 자가 행정청이 아닌 경우) 준공검사를 받은 시점에 자동으로 해당 시설이 관리청에 귀속된 것으로 간주됨

그림 1-9 무상귀속 시점

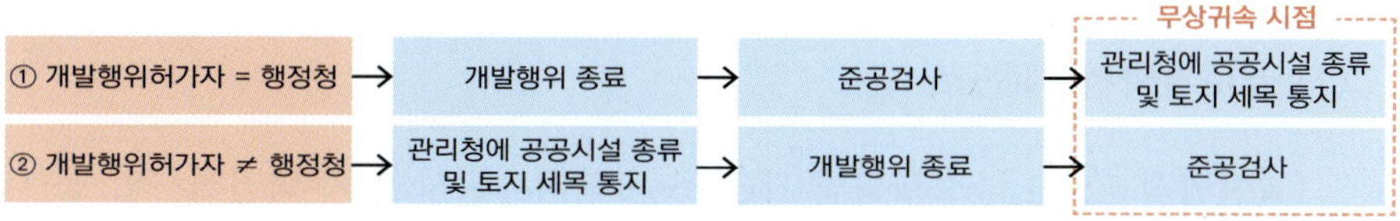

- (특징) 무상귀속은 크게 다음의 네 가지 특징을 가지며(김지엽 외, 2016), 기존 공유지 보유 여부에 따라 사업시행자의 부담 규모가 달라질 수 있어 일각에서는 일부 위헌적 요소가 존재한다는 비판도 제기되고 있음

① 원인자부담 원칙에 기반

② 민법 제187조[3]에 의한 원시취득으로 기존 토지소유자의 의사와 무관하게 강제적 소유권 이전 발생

③ 부관이 아니라 의무적으로 부과

④ 무상귀속에 따른 인센티브 제공 없음

3 민법 제187조(등기를 요하지 아니하는 부동산물권취득) 상속, 공용징수, 판결, 경매 기타 법률의 규정에 의한 부동산에 관한 물권의 취득은 등기를 요하지 아니한다. 그러나 등기를 하지 아니하면 이를 처분하지 못한다.

2) 근거 법령

무상귀속에 관해 개념 및 정의 등을 명시적으로 규정하는 별도의 법률 규정은 부재한 상황이나(김황규·박훈, 2023), 국토계획법 제65조[4] 및 도시정비법 제97조[5] 등 관련 법률 조항을 준용할 수 있음(이승민, 2012)

- 헌법재판소(2010헌바191, 2011.12.29 선고)는 무상귀속을 당사자 사이의 합의 또는 법률 규정에 따라 국가 등이 과세물건인 부동산의 소유권을 취득하는 행위로 해석하고, 헌법상 정당한 입법 취지에 부합한다는 입장임

(1) 국토계획법 제65조

- (일반법적 기능) 국토계획법 제65조는 택지개발사업, 주택건설사업 등 대부분의 개발사업에서 무상귀속의 일반법적 근거로 활용되고 있으며, 사실상 타 개발사업법령에서도 이를 준용하는 구조로 운용되고 있어 사실상 일반법적 규정에 해당하는 기능을 발휘함(박건우, 2024)
- (무상귀속·무상양도의 원인행위) 원칙적으로 개발행위허가가 무상귀속 및 무상양도의 원인이 되나, 타 법률에 의해 개발행위 허가가 의제되는 경우(협의에 따른 인허가 승인 등)를 포함함(제65조 제1항)
- (사업시행자 유형별 규정 차이) '행정청이 사업시행자인 경우'와 '행정청이 아닌 자가 사업시행자인 경우' 무상귀속 대상 공공시설 범위에 차이가 있음

---

4 국토계획법 제65조(개발행위에 따른 공공시설 등의 귀속) ② 개발행위허가를 받은 자가 행정청이 아닌 경우 **개발행위허가를 받은 자가 새로 설치한 공공시설은 그 시설을 관리할 관리청에 무상으로 귀속**되고, 개발행위로 용도가 폐지되는 공공시설은 「국유재산법」과 「공유재산 및 물품 관리법」에도 불구하고 **새로 설치한 공공시설의 설치비용에 상당하는 범위에서 개발행위허가를 받은 자에게 무상으로 양도할 수 있다.**

5 도시정비법 제97조(정비기반시설 및 토지 등의 귀속) ② 시장·군수등 또는 토지주택공사등이 아닌 **사업시행자가 정비사업의 시행으로 새로 설치한 정비기반시설은 그 시설을 관리할 국가 또는 지방자치단체에 무상으로 귀속**되고, 정비사업의 시행으로 용도가 폐지되는 국가 또는 지방자치단체 소유의 정비기반시설은 사업시행자가 **새로 설치한 정비기반시설의 설치비용에 상당하는 범위에서 그에게 무상으로 양도된다.**

① 행정청이 사업시행자인 경우, 새로 설치된 공공시설과 기존시설을 대체하는 공공시설로 구분하여 규정함(제65조 제1항)

② 행정청이 아닌 자가 사업시행자인 경우, 무상귀속 대상 공공시설을 '새로 설치한 공공시설'로 한정함(제65조 제2항)

(2) 기타 법령

- (도시정비법상 무상귀속) 도시정비법 제97조에 따른 무상귀속은 '정비기반시설'(동법 제2조 제4호[6])을 대상으로 하며, 행정청의 재량으로 무상양도되는 국토계획법상 무상귀속과 달리 의무적으로 양도되도록 규정하고 있음
- (무상귀속 사전협의 관련 규정) 국유재산법 및 국토계획법에서는 개발행위 인허가 이전에 무상귀속에 대한 사전협의가 선행되도록 규정하고 있으므로, 「조달청 행정재산 무상귀속 사전협의 처리기준」에서는 다음과 같은 사항을 정하고 있음
  - (적용대상) 국토계획법 제65조, 택지개발촉진법 제25조, 도시정비법 제97조 등에 따라 국유재산이 포함된 무상귀속 대상 사업
  - (사전협의 주체)
    ① 국유재산 총괄청인 기획재정부장관의 위임을 받은 조달청장
    ② 개발사업의 인허가권자로서 무상귀속 협의권을 가진 중앙관서의 장 등
    ③ 사업시행자 등

6 도시정비법 제2조(정의) 제4호 "정비기반시설"이란 도로·상하수도·구거(溝渠: 도랑)·공원·공용주차장·공동구(「국토의 계획 및 이용에 관한 법률」 제2조제9호에 따른 공동구를 말한다. 이하 같다), 그 밖에 주민의 생활에 필요한 열·가스 등의 공급시설로서 대통령령으로 정하는 시설을 말한다.

그림 1-10 행정재산 무상귀속 사전협의 처리기준에 따른 절차 예시도

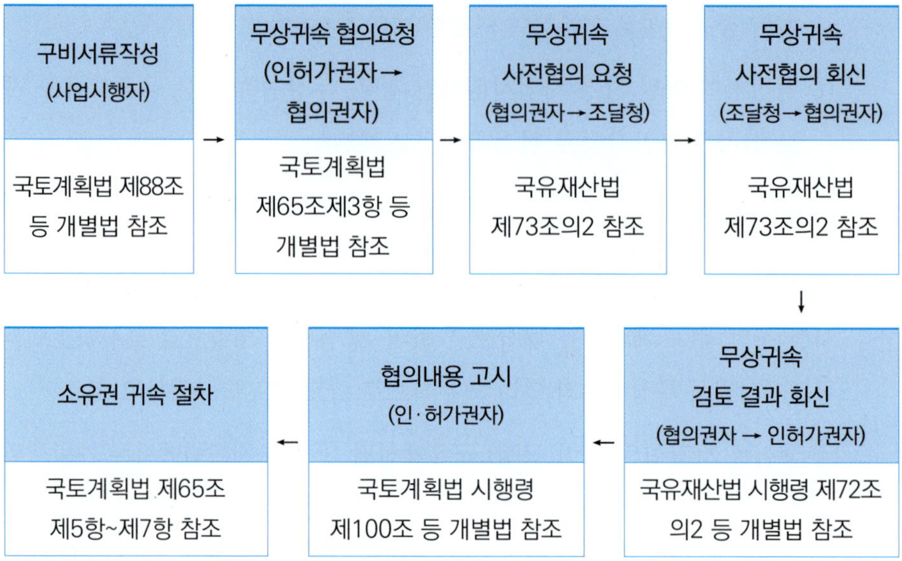

자료: 조달청(2024), 「행정재산 무상귀속 사전협의」 매뉴얼 연구진 재구성

1.4 협의적 공공기여의 특징

- 사전협상에 의한 공공기여, 기부채납, 무상귀속은 모두 협의적 공공기여에 해당하나, 정의, 법적 성격, 인센티브 유무, 절차 등에서 차이가 존재하며 구체적인 내용은 아래의 표와 같음
  - 유사한 형식으로 적용될 수 있으나, 중복 적용 또는 법적 혼선을 방지하기 위해 명확한 용어 정립과 법적 근거의 구분이 필요함
  - 역세권활성화사업 등 일반 지구단위계획을 통한 공공기여도 존재하나, 협의적 공공기여에서는 실무적으로 대표성이 높고 운용상 혼용 사례가 있는 아래 세 가지 유형을 중심으로 차이를 살펴봄

표 1-16 협의의 공공기여 종합(사전협상에 의한 공공기여, 기부채납, 무상귀속)

구분	사전협상에 의한 공공기여	기부채납	무상귀속
정의	• 도시계획 결정으로 토지 가치 상승 시 공공시설 설치·부지제공·비용 납부 등 계획이득을 사회적으로 공유하는 제도	• 민간이 자산을 국가·지자체에 증여하고, 이를 승낙하는 채납의 의사표시를 하여 성립하는 증여계약	• 새로 설치한 정비기반시설을 국가·지자체에 무상귀속하는 대가로 용도 폐지되는 기존 정비기반시설은 무상양도
법적 성질	• 공법상 계약 또는 행정계약 • 행정주체 간 쌍방적 합의에 기초한 공법적 법률행위	• 사법상 또는 공법상 법률행위 • 상호동의 및 합의 전제* * 부관으로 인한 사실상의 강제가 대부분이나 별도의 계약 필요	• 법률 규정에 의한 물권 변동/원시취득 • 입법 수용에 의한 소유권 박탈 행위 • 일방적 이전
법적 근거	• 국토계획법 제52조의2, 시행령 제46조의2 • 지자체 조례 및 지침 • 공공기여 가이드라인	• 국유재산법, 공유재산법 • 국토계획법 제57조, 제88조,제52조 • 도시정비법 제51조 • 주택법 제17조	• 국유재산법, 공유재산법 • 국토계획법 제65조 • 도시정비법 제97조
대상	• 용도지역 변경, 공공시설 결정 변경에 따른 계획이득	• 부동산, 각종 권리	• 국토계획법상 공공시설 • 도시정비법상 정비기반시설
인센티브	• 용적률	• 일부 행정허가와 연계 적용 가능	• 없음
권리 이전 절차	• 협약 또는 계약 이행 시 이전	• 채납 승인 후 이전	• 준공 시 자동 귀속
특징	• 민관 합의 기반 • 원인자부담·수익자부담	• 비례성 • 부당결부원칙	• 원인자부담 • 부관이 아니라 의무적 부과
비고	• 지자체별 기준 상이, 협상 필요	• 재량 행위에 한해 부관 허용	• 조달청 사전협의 가능

Ⅱ 준(準)공공기여 성격의 법적 부담

- 앞서 살펴본 협의의 공공기여 제도 외에도 민간개발사업 과정에서 사업시행자가 부담하게 되는 공공적 성격의 비용이 존재하며, 이는 협상의 결과가 아닌 법령에 따라 의무적으로 부과되는 직접적인 금전적 부담이라는 점에서 중요한 공공기여로 간주될 수 있음
- 따라서 본 장에서는 이를 '준공공기여 성격의 법적 부담'으로 정의하고, 민간개발사업 과정에서 발생할 수 있는 각종 부담금과 조세에 대한 개념, 유형, 현황, 특징 등을 조사·분석하고자 함

그림 2-1 준공공기여 성격의 법적 부담 구성

2.1 부담금: 개발로 인한 사회적 비용 환수

1) 개요

- (개념) 부담금은 특정 공익사업과 밀접한 관련이 있는 자에게 해당 사업의 수익 행위에 필요한 재원을 확보하기 위해 부담금관리법 및 개별 법률에 따라 부과되는 금전적 의무임
  - 사업자가 공공사업이 필요하도록 그 원인을 제공하는 경우(원인자부담) 또는 특정 사업으로부터 편익을 얻게 되는 경우(수익자부담) 부과됨
  - 다만, 부담금은 공공시설의 서비스 제공에 대한 직접적 대가 또는 가격의 성격을 갖지는 않으므로 시설 사용료나 재산사용료 등과는 구별됨
- (특징) 일반 조세와 달리 ① 정책적·유도적 성격과 ② 재정 책임성을 동반하며, 기본권(특히 재산권, 평등권) 제한 소지가 있는 만큼 헌법재판소는 다음과 같은 합법적 정당화 요건을 충족해야 한다고 판시함(2002헌가2, 2003.12.18.)
  - (집단적 동질성) 부담금 납부자는 일반 국민과 구별되는 동질적 집단이어야 하며
  - (객관적 근접성) 그 집단은 수행 사업과 객관적으로 밀접한 관련이 있어야 하고
  - (집단적 책임성) 과제의 수행에 관해 책임이 인정될 수 있는 집단이어야 하며
  - (집단적 효용성) 그 수입은 해당 집단의 이익을 위해 사용되어야 함

  ⇒ 이러한 요건은 헌법 제11조(평등원칙), 제37조 제2항(과잉금지원칙) 등 기본권 제한의 정당성 기준에 따른 것임
- (준조세와의 관계) 일반적으로 기업 실무에서 세금 외의 금전적 공적 부담(부담금, 사회보험료, 기부금, 행정요금 등)을 모두 준조세로 포괄하기도 하나, 기획재정부의 「부담금운용종합보고서」에서 부담금을 독립된 재정 수단으로 분류하고 있는 만큼 준조세로의 포괄적 분류는 지양할 필요가 있음

표 2-1 부담금과 조세의 구분

구분	부담금	조세
목적	• 특정 공익사업의 경비 충당	• 국가, 지자체의 일반수입
부과 대상	• 당해 사업과 특별한 관계가 있는 자	• 일반 국민 또는 주민에게 부과
부과 기준	• 사업소요 경비, 사업과의 관계 등	• 담세능력

※ 조세 중 목적세는 사업경비 충당 목적이 있으나, 부과 대상이 납세능력에 따라 부과

- (부담금의 구분) 부과 목적과 성격에 따라 크게 다음과 같이 구분됨

표 2-2 부담금의 분류

유형	내용	예시
이용자·원인자 부담금	• 각종 시설의 건설·유지와 직접 관련된 자(사용자·원인자)에게 징수	• 기반시설 설치비용, 수도법상 원인자부담금, 물이용부담금 등
수익자 부담금	• 공공사업 또는 시설, 행정행위로 인해 특별한 이익을 받은 자에게 징수	• 개발부담금, 농수산물수입이익금 등
유도성 부담금	• 특정 정책 목적을 유도하기 위해 금전적 수단을 통해 부과	• 장애인 고용부담금, 배출부담금, 과밀부담금 등

※ 실제 운용상에서는 유형 간 경계가 불분명한 경우도 존재함

- (기능) 부담금은 단순 재정조달 수단이 아니라, 원인자·수익자 부담원칙에 따른 공공서비스 창출 및 바람직한 행위 유도 등 정책적 기능을 수행함

2) 부담금 관리제도

- (목적) 부담금의 무분별한 신설·증설 억제와 운용의 공정성·투명성 확보를 위해 부담금관리법에 따라 체계적으로 관리하고자 함

- 부담금은 사회적 비용의 배분과 정책 목표 달성 수단으로 기능하고 있으나, 중복 부과, 부과 근거의 위축, 부과 대상 및 방식의 불합리성, 경제활동 및 투자 위축 초래 등 다양한 운영상 한계가 제기되고 있음
- 이에 2001년 부담금관리법을 제정하여 부담금의 설치·운용 절차의 명확화, 부담 최소화, 경제활동 촉진을 도모하고자 함
- (법적 근거 및 주요 내용) 부담금관리법은 부담금의 설치·변경·운용에 관한 기본적인 관리체계를 규정하고 있음
- 부담금 신설·변경 시 심사(제6조), 부담금운용종합보고서 작성 및 국회 제출(제7조), 부담금운용 평가(제8조), 부담금운용종합계획서 작성 및 국회 제출(제6조의2) 등이 규정됨

• (부담금 신설·변경 심사기준) 부담금 신설·변경 시 다음의 요건을 충족해야 함

- ① 명확한 목적이 있을 것, ② 부과요건 등이 구체적이고 명확할 것, ③ 재원 조성 필요성과 사용 목적의 공정성·투명성을 갖추었을 것, ④ 기존 부담금과 중복되지 않을 것, ⑤ 조세보다 부담금이 더 적절할 것, ⑥ 존속기한은 목적 달성에 필요한 최소한 범위로 설정할 것

3) 현황

• (부처별 부담금 현황) 2023년 말 기준, 총 91개 부담금이 18개 부처에 의해 운용되고 있음

- 환경부(20개), 국토교통부(16개), 산업통상자원부(9개), 금융위원회(8개) 순으로 운영됨
- 2023년 기준 전체 부담금 징수액은 총 23.3조 원이며, 금융위원회 5.4조 원, 산업통상자원부 5.2조 원, 국토교통부 1.6조 원(전체의 6.7% 수준) 순으로 확인됨

표 2-3 부처별 부담금 수

합계	환경부	국토교통부	산업통상자원부	금융위원회	농림축산식품부 문화체육관광부 해양수산부	기획재정부 과학기술정보통신부 외교부 고용노동부 중소벤처기업부 산림청	교육부 행정안전부 보건복지부 식품의약품안전처 원자력안전위원회
91	20	16	9	8	각 7	각 2	각 1

출처: 2023년 부담금운용보고서

- **(부담금 귀속 현황)** 징수된 부담금은 중앙정부(기금·특별회계), 광역·기초 지자체, 공공기관 등의 수입으로 귀속됨
  - 전체 징수액 중 86.4%(20.1조 원)가 중앙정부 소관 기금(74.7%)과 특별회계(11.7%)로 귀속됨

표 2-4 귀속주체별 부담금 귀속 내역

구분	중앙정부		지방자치단체		공공기관 등	합계
	기금	특별회계	광역	기초		
금액(억 원)	173,729	27,324	10,199	13,806	7,503	232,562
비중(%)	74.7	11.7	4.4	5.9	3.2	100

출처: 2023년 부담금운용종합보고서

4) 유형

- 전체 91개 부담금 중 부동산개발과 밀접한 관련이 있는 부담금은 총 12개로 확인되며, 아래 표와 같음
  - 토지이용 변경, 기반시설 설치, 환경 영향 대응, 개발이익 환수 등의 목적에 따라 부과되며, 개발사업자의 주요 재정부담 항목으로 작용함

표 2-5 부동산개발 관련 부담금 유형 및 목적

no.	부담금 명칭	소관부처	주요 부과 목적
1	학교용지부담금	교육부	• 학교용지 확보 및 교육시설 확충
2	개발부담금	국토교통부	• 토지개발로 발생하는 개발이익 환수 및 투기 방지, 토지의 효율적 이용 촉진
3	광역교통시설부담금	국토교통부	• 대규모 개발사업으로 인한 광역교통시설 확충 및 개선
4	교통유발부담금	국토교통부	• 도시교통 혼잡 완화 및 교통시설 투자 재원 확보
5	농지보전부담금	농림축산식품부	• 농지 전용에 따른 농지보전 및 농업 생산 기반 유지
6	관광지 등 지원시설 이용자 부담금	문화체육관광부	• 관광진흥개발기금 조성 및 관광산업 육성 지원
7	환경개선부담금	환경부	• 환경오염물질 배출 억제 및 환경개선사업 재원 확보
8	개발제한구역 보전 부담금	국토교통부	• 개발제한구역 내 개발행위 억제 및 환경 보전
9	과밀부담금	국토교통부	• 수도권 과밀억제 및 국가 균형발전 도모
10	기반시설 설치비용 부담금	국토교통부	• 개발행위로 유발되는 기반시설 설치비용 확보 및 도시환경 개선
11	공공시설 설치비용 부담금	국토교통부	• 개발행위로 유발되는 공공시설 설치 비용 확보
12	대체산림자원조성비	산림청	• 산지 전용으로 인한 산림 훼손 복구 및 대체 산림 자원 조성

- 이중 ① 학교용지부담금, ② 개발부담금, ③ 광역교통시설부담금, ④ 교통유발부담금, ⑤ 농지보전부담금 등은 개발사업과의 연계성이 높고 실제 징수 및 운용의 영향이 큼에 따라 보다 구체적으로 목적, 대상, 징수 현황 등을 살펴보고자 함

(1) 학교용지부담금

<table>
<tr><td>근거 법령</td><td colspan="3">학교용지법</td></tr>
<tr><td>소관 부처</td><td colspan="3">교육부 지방교육재정과</td></tr>
<tr><td>부과 목적</td><td colspan="3">• 공립 유·초·중·고등학교의 학교용지 확보 또는 기존 학교의 증축에 필요한 재원을 마련하기 위해 도입</td></tr>
<tr><td rowspan="2">부과 대상</td><td>부과요건</td><td colspan="2">100세대 이상의 단독주택 건축을 위한 토지를 개발·분양하거나, 100세대 이상의 공동주택을 분양하는 경우</td></tr>
<tr><td>납부의무자</td><td colspan="2">단독주택용 토지를 분양하는 자 또는 공동주택을 분양하는 자</td></tr>
<tr><td rowspan="3">산정기준 및 부담률</td><td>산정기준</td><td>부담률(%)</td><td>산출식</td></tr>
<tr><td>공동주택 분양가</td><td>0.8</td><td>세대별 공동주택 분양가격 X 0.8%</td></tr>
<tr><td>단독주택 토지 분양가</td><td>1.4</td><td>단독주택 토지 분양가격 X 1.4%</td></tr>
<tr><td>부과 시기</td><td colspan="3">• 개발사업시행자가 단독주택 건축을 위한 토지 또는 공동주택 등을 분양한 때</td></tr>
<tr><td>주요 감면 사유</td><td colspan="3">• 임대주택 분양
• 가구 수가 증가하지 않는 도시개발사업
• 학교 신설 수요가 없는 지역(최근 3년 이상 취학인구 감소)
• 노인복지주택 등 특수목적 개발</td></tr>
<tr><td>징수 현황</td><td colspan="3">그림 2-1 학교용지부담금 징수 건수 및 금액
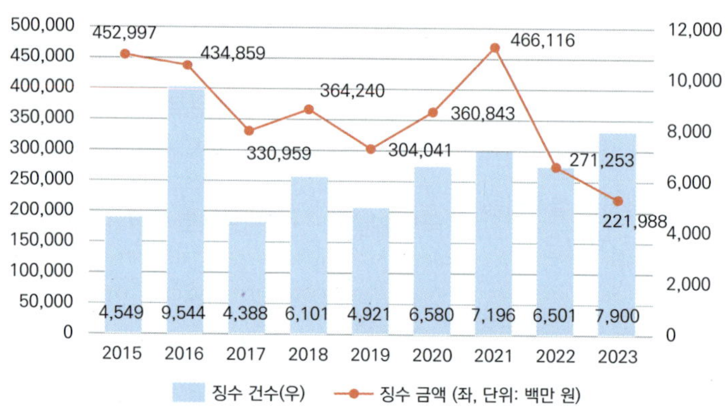
</td></tr>
<tr><td>부담금 활용</td><td colspan="3">• 시도에서 학교용지 매입비용 또는 시군구 교부금 등으로 활용되며, 학교용지 확충을 위한 실질적인 재원으로서 기능함</td></tr>
<tr><td>기타 사항</td><td colspan="3">• '24.3월 정부는 『부담금 정비 및 관리체계 강화 방안』에 따라 학교용지부담금 폐지를 추진했으나, 최종적으로는 제도를 유지하되 부과율 및 대상 규모를 조정하는 방향으로 결정됨
• 공동주택 부담률은 0.8%→0.4%로 하향, 대상 세대수 기준은 100세대→300세대 이상으로 상향 조정함('24.12월 개정, '25.6월 시행 예정)</td></tr>
</table>

(2) 개발부담금

<table>
<tr><td>근거 법령</td><td colspan="3">개발이익환수법</td></tr>
<tr><td>소관 부처</td><td colspan="3">국토교통부 토지정책과</td></tr>
<tr><td>부과 목적</td><td colspan="3">• 개발이익을 환수하여 공공에 적정하게 재배분함으로써 토지 투기 방지, 토지이용의 효율성 제고, 국민경제의 건전한 발전에 기여하고자 함</td></tr>
<tr><td rowspan="2">부과 대상</td><td>부과 요건</td><td colspan="2">• 택지개발사업, 산업단지개발사업, 관광단지조성사업, 도시개발사업, 지역개발사업 및 도시환경정비사업
• 지목변경이 수반되는 사업으로서 대통령령이 정하는 사업 등 포함</td></tr>
<tr><td>납부 의무자</td><td colspan="2">사업시행자</td></tr>
<tr><td rowspan="2">산정기준 및 부담률</td><td>산정기준</td><td>부담률(%)</td><td>산출식</td></tr>
<tr><td>개발이익</td><td>20~25%</td><td>개발이익(종료시점지가-개시시점지가-정상지가상승분-개발비용) X 부담률</td></tr>
<tr><td>부과 시기</td><td colspan="3">• (개시 시점) 사업시행자가 국가 또는 지자체로부터 사업 인가 등을 받은 날
• (종료 시점) 국가 또는 지자체로부터 사업 준공인가를 받은 날</td></tr>
<tr><td>주요 감면 사유</td><td colspan="3">• 국가·지자체·공공기관이 시행하는 개발사업
• 주택도시기금으로 자금을 지원받아 시행되는 국민주택 공급 택지개발사업
• 지방 소재 산업단지 및 물류단지개발사업 등</td></tr>
<tr><td>징수 현황</td><td colspan="3">그림 2-2 개발부담금 징수 건수 및 금액
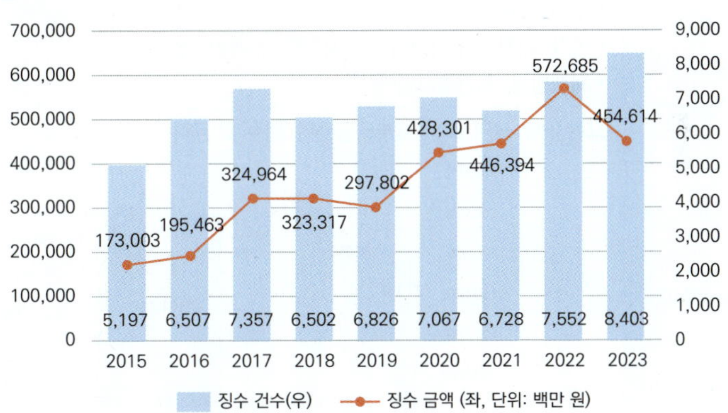
</td></tr>
<tr><td>부담금 활용</td><td colspan="3">• 귀속 지자체의 토지관리 및 지역균형개발사업 추진
• 일부 도시재생특별회계 세입으로 편입하여 도시재생전략 수립, 폐가·공가 매입·활용 등 재생사업에 활용</td></tr>
<tr><td>기타 사항</td><td colspan="3">• '24.3월 정부는 『부담금 정비 및 관리체계 강화 방안』에서 개발부담금 한시적 감면 방안을 발표하였으나, 현재 국회 계류 중인 상황임</td></tr>
</table>

(3) 광역교통시설부담금

<table>
<tr><td>근거 법령</td><td colspan="3">광역교통법</td></tr>
<tr><td>소관 부처</td><td colspan="3">국토교통부 대도시권광역교통위원회</td></tr>
<tr><td>부과 목적</td><td colspan="3">• 광역교통시설의 재원확충을 통한 교통난 완화
• 공공과 민간부문 간 비용부담의 형평성 확보를 통한 난개발 완화
• 개발사업의 효과성과 주민의 주거만족도 제고</td></tr>
<tr><td rowspan="2">부과 대상</td><td>부과 요건</td><td colspan="2">• 광역교통시행계획이 수립·고시된 대도시권에서 다음의 사업 시행시 부과됨
- 택지개발사업, 도시개발사업, 대지조성사업, 주택건설사업, 재개발·재건축사업, 주상복합사업</td></tr>
<tr><td>납부 의무자</td><td colspan="2">사업시행자</td></tr>
<tr><td rowspan="4">산정기준 및 부담률</td><td>산정기준</td><td>부담률(%)</td><td>산출식</td></tr>
<tr><td>택지개발·도시개발·대지조성사업</td><td>수도권 30%, 기타 도시권 15%</td><td>{1㎡당 표준개발비×부과율×개발면적×(용적율/200)} – 공제액</td></tr>
<tr><td>주택건설·재개발·재건축사업</td><td>수도권 4%, 기타 도시권 2%</td><td>{1㎡당 표준건축비×부과율×건축연면적} – 공제액</td></tr>
<tr><td>주상복합건축 사업</td><td>수도권 4%, 기타 도시권 2%</td><td>{1㎡당 표준건축비×부과율×건축연면적(주택인 시설의 건축연면적 합계)} – 공제액</td></tr>
<tr><td>부과 시기</td><td colspan="3">사업 승인 또는 인가일로부터 60일 이내</td></tr>
<tr><td>주요 감면 사유</td><td colspan="3">• 주거환경개선사업
• 국가·지자체가 시행하는 도시지역 내 개발사업
• 재개발 및 재건축사업 등</td></tr>
<tr><td>징수 현황</td><td colspan="3">그림 2-3 광역교통시설부담금 징수 건수 및 금액
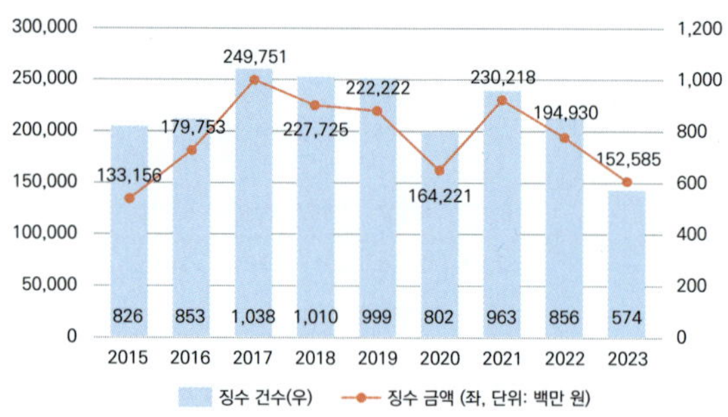
</td></tr>
<tr><td>부담금 활용</td><td colspan="3">• (귀속비율) 국가(지역균형발전특별회계) 40%, 광역자치단체(광역교통시설특별회계) 60% 귀속
• (활용 목적)
- 광역교통시설 건설 및 개량
- 지정 도로 구간 건설 및 개량
- 광역버스 운송 지원
- 환승체계 구축, 혼잡도로 해소, 광역철도, 도시 BRT 등</td></tr>
</table>

(4) 교통유발부담금

<table>
<tr><td>근거 법령</td><td colspan="2">도시교통정비법</td></tr>
<tr><td>소관 부처</td><td colspan="2">국토교통부 생활교통과</td></tr>
<tr><td>부과 목적</td><td colspan="2">• 교통유발의 원인자에게 경제적 부담금을 부과하여, 대중교통 개선사업 등 재원을 확보하고 교통량 감축을 유도하고자 함</td></tr>
<tr><td rowspan="2">부과 대상</td><td>부과 요건</td><td>• 도시교통정비지역(인구 10만명 이상 도시) 내 위치한 다음 건축물
– 바닥면적 합계 1,000㎡ 이상인 일반 건축물
– 주택단지 내 시설물은 3,000㎡ 이상일 경우 부과 대상</td></tr>
<tr><td>납부 의무자</td><td>시설물 소유자</td></tr>
<tr><td rowspan="2">산정기준 및 부담률</td><td colspan="2">산출식</td></tr>
<tr><td colspan="2">• (산출식) 각 층 바닥면적 합계 X 단위부담금 X 교통유발계수*
* (교통유발계수) 시설의 용도별로 도시교통정비법 시행규칙 [별표 4] 기준적용, 지자체 조례에 따라 최대 100% 상향 또는 최대 50% 하향 조정 가능</td></tr>
<tr><td>부과 시기</td><td colspan="2">매년 납부기간 시작 5일 전</td></tr>
<tr><td>주요 감면 사유</td><td colspan="2">• 주거용 건물
• 종교시설, 박물관
• 국가 또는 지자체 소유 시설물
• 교통량감축계획 이행 시설물 등
(도시교통정비법 제36조, 시행령 제17조 근거)</td></tr>
<tr><td>징수 현황</td><td colspan="2">그림 2-4 교통유발부담금
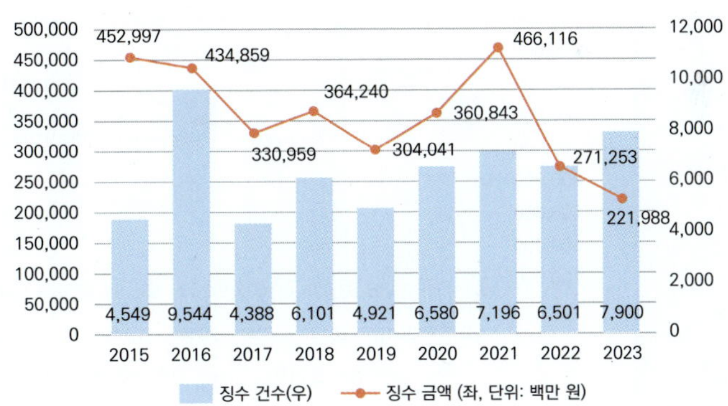
</td></tr>
<tr><td>부담금 활용</td><td colspan="2">• (귀속비율) 광역(지방도시 교통사업 특별회계) 59%, 기초(지방도시 교통사업 특별회계) 41%
• (활용 목적)
– 교통시설의 확충 및 운영개선을 위한 사업
– 도시교통관련 조사 및 연구사업
– 교통수단의 서비스개선 및 대중교통업체의 경영개선을 위한 사업
– 교통수요관리 및 교통수요관리조치의 시행
– 도로시설의 개선 및 교통안전시설 개선에 관한 사업</td></tr>
</table>

(5) 농지보전부담금

<table>
<tr><td>근거 법령</td><td colspan="2">농지법</td></tr>
<tr><td>소관 부처</td><td colspan="2">농림축산식품부 농지관리부서</td></tr>
<tr><td>부과 목적</td><td colspan="2">• 농지전용허가를 받는 자 등에게 농지의 보전·관리 및 조성을 위한 부담금(농지보전부담금)을 부과하고자 함</td></tr>
<tr><td rowspan="2">부과 대상</td><td>부과 요건</td><td>• 농지 전용 시(농작물의 경작이나 다년생식물의 재배 등 농업생산 또는 농지개량 외의 용도로 사용하는 것)</td></tr>
<tr><td>납부 의무자</td><td>농지를 전용하려는 자</td></tr>
<tr><td rowspan="2">산정기준
및 부담률</td><td colspan="2">산출식</td></tr>
<tr><td colspan="2">• 전용하는 농지의 면적(㎡) × 부과기준일 현재 가장 최근 공시된 개별공시지가의 30%(상한금액 : 5만원/㎡)</td></tr>
<tr><td>부과 시기</td><td colspan="2">농지전용허가 또는 신고수리를 하려는 때</td></tr>
<tr><td>주요
감면 사유</td><td colspan="2">• 국가나 지자체가 공용 공공용 목적으로 농지를 전용하는 경우
• 중요 산업시설을 설치하기 위해 농지를 전용하는 경우
• 기타 중요시설을 설치하기 위해 농지를 전용하는 경우</td></tr>
<tr><td>징수 현황</td><td colspan="2">그림 2-5 농지보전부담금 징수 건수 및 금액
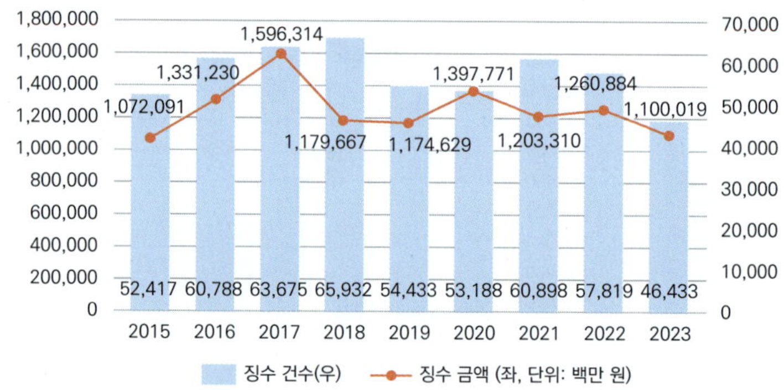
</td></tr>
<tr><td>부담금
활용</td><td colspan="2">• (귀속비율) 국가(농지관리기금) 86~100%, 자치단체(일반회계) 12% 이내 귀속, 기타(농어촌공사) 2% 이내
• (활용 목적)
- 농지의 보전·관리 및 조성
- 농지매매사업, 농지 재개발사업 등에 필요한 자금의 융자 등</td></tr>
</table>

5) 기타 비용부담 제도

- (개요) 부담금으로 명시되지는 않으나 민간개발사업자가 실질적으로 부담하는 비용으로, 교통영향평가와 교통개선대책은 사실상 공공기여적 성격을 가지며 도시개발과정에서 추가적인 비용부담 항목으로 기능하고 있음
- (정의 및 목적)
  ① (교통영향평가) 개발사업 시행 시 발생하는 교통량 변화 및 안전성 문제를 사전 조사·예측·평가하고 문제 최소화 방안을 마련하는 절차로 정의됨(도시교통정비법 제2조 제5호)
  ② (교통개선대책) 교통유발로 인한 교차로 혼잡·이용 불편 해소를 위해 수립하는 교통시설 설치·조정·운영계획 등을 포함한 대책을 의미함(교통영향평가지침 제3조 제3호)
- (근거 법령) 교통유발부담금과 동일하게 도시교통정비법에 따라 시행되며(법 제15조③ 및 시행령 제13조의2⑤), 교통영향평가 시 필요한 세부기준은 교통영향평가지침으로 고시하도록 규정됨

표 2-6 교통영향평가 대상사업

구분	내용
개발사업 (34개 유형)	• 도시의 개발 • 산업입지와 산업단지의 조성 • 에너지 개발 • 항만의 건설 • 도로의 건설 • 철도(도시철도 포함)의 건설 • 공항의 건설 • 관광단지의 개발 • 특정 지역의 개발 • 체육시설의 설치 • 그 밖에 교통에 영향을 미치는 사업으로써 대통령령으로 정하는 사업
건축물 (33개 유형)	• 『건축법』에 따른 건축물 중 대통령령으로 정하는 건축물의 건축, 대수선, 리모델링 및 용도변경

※ 구체적인 대상은 시행령 [별표 1]에서 명시

출처: 도시교통정비 촉진법」 제15조 제1항, 『교통영향평가 개선방안(2023)』, 박경아·김용미(한국교통연구원)

• (적용대상) 인구 10만 이상 도시 등 국토부장관이 지정·고시하는 도시교통정비지역 또는 해당 지역 내 교통권역에서 도시교통정비법 제15조 제1항 및 시행령 제13조의2에 따른 사업을 시행하는 경우를 대상으로 사업 최종 인허가 전 교통영향평가를 시행함

• (평가범위) 교통영향평가지침 제5조에서 다음과 같이 규정함

- (시간적 범위) 건축물은 준공 후 1년·5년, 개발사업은 준공 후 1년·5년
- (공간적 범위) 사업 시행으로 유발되는 교통량의 영향이 직접적인 지역까지로 하며, 구체적인 범위는 다음의 표와 같음

표 2-7 교통영향평가의 공간적 범위

구분	내용
건축물	• 해당 건축물의 주 출입구에서 가장 가까운 교차로(비신호 교차로 및 분기점 포함)와 그 범위 이내의 가로 - 사업 범위의 4배 미만: 반경 1.0㎞ 이내 4개 교차로 이상 - 4배 이상 8배 미만: 반경 1.5㎞ 이내 8개 교차로 이상 - 8배 이상: 반경 2.0㎞ 이내 12개 교차로 이상
철도(도시철도) 건설사업	• 여객 및 화물을 취급하는 역 출입구 기준, 가장 가까운 4개 교차로와 그 범위 이내의 가로
도로건설사업	• 해당 도로와 접속하는 가장 가까운 4개 교차로 및 그 범위 이내의 가로
개발사업	• 해당 사업지구에서 가장 가까운 교차로 및 그 범위 이내의 가로 - 사업 범위의 2배 미만: 반경 2.0㎞ 이내 4개 교차로 이상 - 2배 이상 4배 미만: 반경 3.0㎞ 이내 8개 교차로 이상 - 4배 이상: 반경 4.0㎞ 이내 12개 교차로 이상

출처: 교통영향평가 지침 제5조 제2항, 교통영향평가 개선방안(2023), 박경아·김용미(한국교통연구원)

• (제출 시기) 인허가·승인 등 법적 절차 진행 전까지 교통영향평가 결과서를 제출해야 하며, 건축물의 경우 건축법 제11조에 따른 허가 전까지로 함

- 이때 개별법에 따라 시행하는 건축물의 경우에는 그 건축물 건축을 위한 해당 법령에 따른 인가·허가 전까지로 함

- (평가내용) 교통영향평가는 사업 시행으로 인해 발생할 수 있는 교통문제를 사전에 도출하고, 이에 따른 교통개선대책을 수립하는 절차로 교통영향평가지침 제4조 및 [별표 1]에 따라 다음과 같은 항목을 중심으로 평가가 이루어짐
  - 교통환경 조사 및 분석, 장래 교통 수요예측, 교통문제 도출 및 개선대책 수립, 시행계획 수립 등의 평가항목으로 구성됨

표 2-8 교통영향평가 항목

구분	내용
서론	가. 사업의 개요 나. 교통영향평가 사유 및 시기의 적정성 다. 교통영향평가 범위(시간적·공간적 범위 및 중점분석 항목) 라. 교통영향평가 결과 요약 (1) 중점분석 항목별 분석결과 (2) 교통영향분석 및 문제점 (3) 종합개선안
교통환경조사 분석	가. 교통시설 및 교통소통현황 나. 토지이용현황·토지이용계획 및 주변지역개발 계획 다. 교통시설의 설치계획 및 교통관련 계획
사업지구·주변지역 장래 교통 수요	가. 사업 미시행 시 수요예측 나. 사업시행 시 수요예측 다. 주차수요예측
사업의 시행에 따른 문제점 및 개선대책	대상 사업별(건축물, 일반 개발사업, 도로사업, 철도 건설사업)로 구분하여 작성
교통개선대책안의 시행계획	가. 사업시행주체 및 시행시기 나. 공사 중 교통처리대책

출처: 교통영향평가지침 제4조 및 [별표 1], 교통영향평가 개선방안(2023), 박경아·김용미(한국교통연구원)

• **(비용부담)** 교통개선대책 시행에 소요되는 비용은 원칙적으로 교통문제를 유발한 자, 즉 사업시행자가 부담하도록 규정(교통영향평가지침 제20조)되나, 다음과 같은 예외가 존재함

① 다수의 이행의무자가 있는 경우, 주체별 이행분담률을 제시하여 상호 협의 필요

② 통과교통 또는 자연적 교통유발 등 원인 불명확한 경우, 해당 지자체가 비용부담

- 경기도는 별도로 「경기도 교통영향평가지침」을 고시·운영 중으로 비용부담 주체에 대해 다음과 같이 명시함

표 2-9 교통영향평가 항목 「경기도 교통영향평가지침」

「경기도 교통영향평가 지침」 제20조	③ 교통개선대책의 시행계획은 개선대책별 시행주체, 시행시기, 비용부담자로 구분하여 제시한다. 교통개선대책의 비용부담자는 교통문제를 유발하는 자인 사업시행자가 부담하여야 한다. 다만 다른 주체에서 시행하거나, 다수의 관계기관이 함께 시행하는 경우 그 사유와 함께 명확한 비용부담자를 명시한다.

• **(지구단위계획과의 관계)** 지구단위계획에는 보행안전 등을 고려한 교통처리계획 등을 포함할 수 있으며(국토계획법 제52조①, ⑦), 본 연구의 주요대상인 사전협상형 개발사업은 부지면적 5천㎡ 이상으로 교통영향평가 실시가 필수 요건임

- 지구단위계획 수립 시 교통처리계획에 교통영향평가 결과 및 교통개선대책을 반영해야 하며, 법적 근거는 상이하나 실무적으로는 보완적·연계적으로 운영되고 있음

- 실제 광주 전방·일방부지 개발사업의 지구단위계획 결정 고시에는 교통영향평가 결과, 교통개선대책, 시행 주체 및 비용부담 등의 내용이 기재됨

표 2-10 전방·일방부지 개발사업 지구단위계획상 교통처리계획

위치	계획내용		비고
-	차량출입 불허구간	* 사업지 진출입 구간과 교통처리, 교통시설계획은 교통영향평가 결과 반영 ※ 건축물 등에 관한 도시관리계획도 참조 - 사업대상지 내 교차로 구간 진출입 불허구간 지정 - 대로1-35호선변(주거복합1) 전구간 진출입불허구간 지정	
	주차계획	개별시설 계획시 주차 확보 최소 확보기준 제시(적용 주차 원단위 값)	
	구역외 교량설치	교통영향평가 결과에 따른 무등경기장 교통량 분산교량② 설치 - L=110m, B=20m(도면참조-교통영향평가 종합개선안도)	

■ 교통영향평가 결과(시행주체 및 시행시기)

구분	내용	시행계획		
		주체	비용부담	시행시기
사업지 외부	사업지 입구교차로 기하구조 개선	사업시행자	사업시행자	사업완료시
	무등경기장 교통량 분산교량 설치 (L=110m, B=20.0m)(사업자 분담 신설)	사업시행자	사업시행자	사업완료시
진출입 동선	사업지 내부(신설교차로 및 횡단보도) 교차로 및 횡단보도 신호등 설치: 9개소	사업시행자	사업시행자	사업완료시
	중로2-가 도로 확장(B=15m→23m)	사업시행자	사업시행자	사업완료시
	무등경기장 방향 보행 연결로 정비 (재포장, 편측 규제봉)	사업시행자	사업시행자	사업완료시

출처: 광주광역시 고시 제2024-167호

- (실제 부담 및 공제) 부동산개발사업에서 교통개선대책 이행 비용은 대부분 사업시행자가 직접 부담하며, 이는 법정 부담금이 아닌 간접 규제 성격으로서 인센티브나 세제 혜택 없이 이행되는 경우가 일반적임

- 다만, 일부 광역교통법상 광역교통시설부담금 공제 항목에 포함되어 일정 조건을 충족할 경우 해당 비용에 대한 재정적 보전이 가능함
- 다음의 요건 중 하나를 충족하는 경우 해당 도로 설치 또는 비용부담 금액을 광역교통시설부담금에서 공제할 수 있음(광역교통법 제16조의2④②)

표 2-11 광역교통법 제16조의2 제4항 제2호

2. 법 제11조제1항 각 호에 따른 사업이 시행되는 지구·구역 또는 사업지역 밖에서 다음 각 목의 어느 하나에 해당하는 도로를 설치하거나 그 비용의 전부 또는 일부를 부담하는 경우에는 그 금액

가. 도로관계 법령에 의한 고속국도, 자동차전용도로, 일반국도, 특별시도, 광역시도 또는 지방도

나. 광역도로에 해당하는 시·군·구도

다. 광역교통개선대책에 따라 건설 또는 개량되는 도로

라. 그 밖에 시·도지사가 광역교통에 영향을 미친다고 인정하는 도로

2.2 조세: 세금으로 이뤄지는 간접적 공공환원

- 부동산개발사업에서는 여러 조세가 부과되며, 이는 단순한 재정조달 수단을 넘어 민간개발을 통해 발생하는 이익을 사회 전체와 나누는 간접적 공공환원의 기능을 담당함
- 이러한 세목 가운데 특히 개발사업과 긴밀하게 연관되어 과세·부담 논의가 자주 이루어지는 취·등록세, 재산세·종합부동산세 등의 보유세, 양도소득세, 법인세 그리고 부가가치세를 중심으로 그 구조와 특성을 살펴봄

* 2025년 8월 기준 관계 법령 및 판례를 바탕으로 정리함

1) 취·등록세

- (납세의무자) 부동산 등 과세물건을 사실상 취득한 자는 등기·등록 여부와 관계없이 취득세 납세의무를 부담하며, 그 세액은 취득일을 기준으로 60일 이내(등기하는 경우 등기일까지)에 납부하여야 함(지방세법 제7조 ①, ②)
  - 토지의 지목이 사실상 변경되어 가액이 증가한 경우도 취득으로 간주되며, 도시개발법상 도시개발사업(환지 방식)에서의 취득자는 환지계획에 따라 정해짐(지방세법 제7조 ④)
  - 신탁재산의 위탁자 지위가 이전된 경우, 원칙적으로 새로운 위탁자를 취득자로 보나 실질적인 소유권 변동이 없는 경우에는 예외로 인정함(지방세법 제7조 ⑮)

표 2-12 지방세법 제7조 납세의무자의 정의

<table>
<tr><th colspan="2">구분</th><th>내용</th></tr>
<tr><td colspan="2">기본 납세의무자</td><td>• 부동산 등 자산을 취득한 자에게 부과
(부동산, 차량, 기계장비, 항공기, 선박, 입목, 권리 등 포함)</td></tr>
<tr><td rowspan="3">기타</td><td>사실상의 취득</td><td>• 관련 법령에 따른 등기·등록 여부와 무관하게 사실상 취득한 경우 과세
• 사실상 소유자 또는 양수인이 납세의무자로 간주</td></tr>
<tr><td>지목 변경 등으로 인한 가치 증가</td><td>• 토지 지목 변경 등으로 자산 가치가 증가한 경우에도 취득세 부과 대상
• 특히, 도시개발사업 환지 방식에 따른 지목 변경시
- 조합원에게 공급되는 환지는 조합원이 취득,
- 체비지·보류지는 사업시행자가 취득한 것으로 간주</td></tr>
<tr><td>신탁재산의 위탁자 지위 이전</td><td>• 신탁법에 따른 위탁자 지위가 이전되는 경우 새로운 위탁자가 해당 재산을 취득한 것으로 간주
• 단, 실질적 소유권 변동 없는 경우 대통령령에 따라 예외 가능</td></tr>
</table>

• (토지 취득세 과세표준) 지방세법 제10조에 따라 취득 당시 가액이 과세표준이 되며, 취득 형태에 따라 기준이 달라짐

표 2-13 취득세 과세표준 기준

구분	과세표준 기준	근거 법
무상취득	• 시가인정액(매매사례가액, 감정가액, 공매가액 등) • 시가표준액(상속 등의 경우)	지방세법 제10조의2 ①, ②
유상승계 취득	• 사실상 취득가액(직·간접비용 포함)	지방세법 제10조의3 ①, 시행령 제18조
원시취득	• 사실상 취득가액 또는 시가표준액 (법인 아닌 개인 건축 시)	지방세법 제10조의4 ①, ②

• (취득세율) 지방세법상 취득세율은 취득 형태, 자산 종류, 거래의 유상·무상 여부 및 주택 수 등에 따라 표준세율, 중과세율, 세율 특례로 구분됨

표 2-14 취득세율 종합

<table>
<tr><th colspan="3">구분</th><th>취득세율</th></tr>
<tr><td colspan="4">무상취득</td></tr>
<tr><td rowspan="9"></td><td colspan="2">일반</td><td>3.5%</td></tr>
<tr><td colspan="2">비영리사업자</td><td>2.8%</td></tr>
<tr><td rowspan="2">상속</td><td>농지</td><td>2.3%</td></tr>
<tr><td>농지 외</td><td>2.8%</td></tr>
<tr><td colspan="2">공유, 합유, 총유물의 분할</td><td>2.3%</td></tr>
<tr><td rowspan="3">기타 무상취득</td><td>1가구1주택 상속</td><td>0.8%</td></tr>
<tr><td>자경농지상속</td><td>0.3%</td></tr>
<tr><td>이혼재산분할</td><td>1.5%</td></tr>
</table>

구분			취득세율
유상승계취득			
	농지 외		4.0%
	농지		3.0%
	주택	취득당시가액 6억 이하	1.0%
		취득당시가액 6억~9억	3.0%
		취득당시가액 9억 초과	3.0%
원시취득			**2.8%**

출처: 지방세법 제11조, 부동산개발 세무실무(임영택·박흥수, 2025)

- (주택 중과세율) 조정대상지역 여부 및 주택 수에 따라 최대 12%까지 적용되며 법인 또는 다주택자가 중과 대상이나, 주택건설사업을 위해 멸실목적 주택을 취득하는 경우 예외로 인정됨

표 2-15 주택 중과세 취득세율

구분			취득세율
법인			4%+2%×4 = 12%
개인	조정대상지역	1세대 2주택	4%+2%×2 = 8%
		1세대 3주택 이상	4%+2%×4 = 12%
		무상취득	4%+2%×4 = 12%
	조정대상 지역 외	1세대 3주택	4%+2%×2 = 8%
		1세대 4주택 이상	4%+2%×4 = 12%

※ 중과 기준세율은 2%(지방세법제6조제19호)이며, 여기에 중과 가산세율(2%×3=6%)이 더해져 최종 세율이 산출됨

출처: 지방세법 제13조의2, 부동산개발 세무실무(임영택·박흥수, 2025)

- **(PFV 취득세 특례)** 조세특례제한법 제104조의31에 따른 프로젝트금융투자회사(PFV)가 2027년 12월 31까지 부동산을 취득하는 경우, 취득세 및 등록면허세 중과가 배제됨(지방세특례제한법 제180조의2)
- **(농어촌특별세)** 농어촌특별세법에 따라 취득세 또는 종합부동산세의 납세자 또는 감면자가 납세의무자이며, 국가·농업인 등은 비과세 대상임
  - **(비과세 대상)** 국민주택 규모 이하의 서민주택 및 부수 토지, 농가주택(영농 목적, 고가주택 제외)에 대해 감면·취득하는 경우 비과세 대상이 됨(농어촌특별세법 제4조 제9호, 제11호)

표 2-16 농어촌특별세 과세표준 및 세율

과세표준	근거 법	세율
소득세·법인세·관세·취득세 또는 등록면허세의 감면세액	조세특례제한법, 관세법, 지방세법, 지방세특례제한법	20%
취득세액(표준세율의 2% 적용시)	지방세법, 지방세특례제한법, 조세특례제한법	10%

출처: 농어촌특별세법 제5조, 부동산개발 세무실무(임영택·박흥수, 2025)

- **(지방교육세)** 취득세 및 등록면허세의 납세의무자(지방세법 제150조)가 지방교육세도 함께 납부해야 하며, 취득세 감면 여부에 따라 산정방식이 달라짐

표 2-17 지방교육세 산정방식

구분	산정방식
비감면	1. [취득세의 과세표준 × (취득세율 - 2%)] × 20% 2. 「지방세법」 제11조제1항제8호의 경우, [과세표준 × (취득세율 × 50%)] × 20% 3. 「지방세법」 제13조제2항·제3항·제6항 또는 제7항에 해당하는 경우, [1.의 계산식] × 300% (다만, 법인이 제11조제1항제8호에 따른 주택을 취득하는 경우 4. 적용) 4. 「지방세법」 제13조의2에 해당하는 경우, [과세표준 × (취득세율 - 중과기준세율)] × 20%

구분	산정방식
감면	1. 지방세감면법령에서 취득세 감면율이 정해진 경우, 감면 전 산출된 지방교육세액에 동일한 감면율을 적용하여 감면하고 잔액만 납부 2. 지방세감면법령상 별도의 취득세율이 정해진 경우, 해당 감면세율을 기준으로 지방교육세 산출 및 납부 3. 1.과 2. 외 기타 특례세율을 정하는 경우, 지방세법상 일반세율이 아닌 특례세율이 적용되어도 1.에 따라 지방교육세 산출 (다만, 세율이 2% 이하인 경우 과세대상에서 제외)

출처: 지방세법 제151조, 법제처 운영 찾기 쉬운 생활법령 정보(2025.6월 기준)

2) 보유세

- 부동산 보유 단계에서 부과되는 대표적인 세금으로 재산세와 종합부동산세가 있으며, 재산세는 기본적인 보유세, 종합부동산세는 일정 기준 초과 시 추가로 부과되는 성격을 지님
  - 재산세는 지방세로 모든 토지와 건축물, 주택 등에 보편적으로 과세되며, 종합부동산세는 조세 부담의 형평성과 시장안정을 도모하는 보완적 장치로써 일정 기준을 초과하는 고액 보유자에게 별도로 부과됨
- 따라서 기본세인 재산세의 과세구조 및 특징을 먼저 살펴보고, 이어서 종합부동산세의 주요 내용을 아래와 같이 살펴봄

(1) 재산세

- (납세의무자) 과세기준일(매년 6월 1일) 현재 재산을 사실상 소유하고 있는 자에게 납세의무가 부과됨(지방세법 제107조)
  - 공유재산은 지분별로 지분권자가 각자 납세하며, 주택의 건물과 부속토지 소유자가 다를 경우 시가표준액 비율로 안분한 금액에 대해 각각 납세함
- (과세대상) 토지, 건축물, 주택 등을 대상으로 하며, 토지는 과세 유형에 따라 구분됨(지방세법 제105조, 제106조)

표 2-18 토지 재산세 과세대상 유형

구분	과세대상
종합합산	• 과세기준일 현재 납세의무자가 소유하고 있는 일반 토지 (별도합산 또는 분리과세 대상 제외)
별도합산	• 공장 건축물의 부속토지 등 건축물의 부속토지 • 시험·연구·검사용 토지, 물류단지시설용 토지 등 업무용 또는 경제활동용 토지 • 철거·멸실된 건축물 또는 주택의 부속토지
분리과세	• 국가의 보호·지원 또는 중과가 필요한 토지 - 전·답·과수원, 목장용지 - 보호육성이 필요한 임야 및 종중 소유 임야 - 골프장용·고급오락장용 부속토지 - 개발제한구역 지정 이전 취득한 공장 부속토지 - 특정 목적의 공공지원 사업용 토지 - 에너지·자원, 방송·통신·교통 기반시설용 토지 - 국토 효율적 이용을 위한 개발사업용 토지 - 지역경제 발전·공익성 등을 고려한 기타 토지

출처: 지방세법 제106조, 법제처 운영 찾기쉬운생활법령정보(2025.6월 기준)

- (과세표준) 시가표준액*에 대통령령으로 정하는 공정시장가액비율을 곱하여 산정한 가액으로 정함(지방세법 제110조)

* 「부동산 가격공시에 관한 법률」에 따라 공시된 가액

표 2-19 재산세 과세표준 산정시 공정시장가액비율

구분	공정시장가액비율
토지 및 건축물	시가표준액의 50%~90% 범위 내(법§110①①)
	시가표준액의 **70%**(령§109①①)
주택	시가표준액의 40%~80%(법§110①②)
	시가표준액의 **60%**(령§109①①)
1세대1주택	시가표준액의 30%~70%(법§110①②)

구분		공정시장가액비율	
	1세대1주택	3억 이하	시가표준액의 **43%**(령§109①②)
		3억 초과 6억 이하	시가표준액의 **44%**(령§109①②)
		6억 초과	시가표준액의 **45%**(령§109①②)

출처: 지방세법 제110조 및 동법 시행령 제109조

- (표준세율 및 적용) 재산세는 다음 표에 따라 세율을 적용함(지방세법 제111조 제1항)

표 2-20 재산세 표준세율

구분			주요내용
토지	종합합산	5천만원 이하	2/1000
		5천만원 초과 1억원 이하	10만원 + 5천만원 초과금액의 3/1000
		1억원 초과	25만원 + 1억원 초과금액의 5/1000
	별도합산	2억원 이하	2/1000
		2억원 초과 10억원 이하	40만원 + 2억원 초과금액의 3/1000
		10억원 초과	280만원 + 10억원 초과금액의 4/1000
	분리과세	전·답·과수원·목장용지·임야	과세표준 × 0.7/1000
		골프장용·고급오락장용	과세표준 × 40/1000
		기타	과세표준 × 2/1000
건축물		골프장용·고급오락장용	과세표준 × 40/1000
		특정지역 공장용	과세표준 × 5/1000
		일반	과세표준 × 2.5/1000

<table>
<tr><th colspan="2">구분</th><th>주요내용</th></tr>
<tr><td rowspan="2">주택</td><td>일반주택</td><td>

과세표준	세율
6천만원 이하	1/1000
6천만원 초과 1억5천만원 이하	6만원 + 6천만원 초과금액의 1.5/1000
1억5천만원 초과 3억원 이하	19.5만원 + 1.5억원 초과금액의 2.5/1000
3억원 초과	57만원 + 3억원 초과금액의 4/1000

</td></tr>
<tr><td>1세대1주택
(지방세법 제111조의2)</td><td>

과세표준	세율
6천만원 이하	0.5/1000
6천만원 초과 1억 5천만원 이하	3만원 + 6천만원 초과금액의 1/1000
1억5천만원 초과 3억원 이하	12만원 + 1.5억원 초과금액의 2/1000
3억원 초과	42만원 + 3억원 초과금액의 3.5/1000

</td></tr>
</table>

출처: 지방세법 제111조, 법제처 운영 찾기쉬운생활법령정보(2025.6월 기준)

표 2-21 토지 과세대상별 세율 적용방식

<table>
<tr><th colspan="2">구분</th><th>과세대상</th><th>적용방식</th></tr>
<tr><td rowspan="3">토지</td><td>종합합산</td><td>• 납세의무자가 소유한 토지 중 종합합산과세대상</td><td>• 해당 토지 가액 합계를 과세표준으로 하여 종합합산과세대상 표준세율 적용</td></tr>
<tr><td>별도합산</td><td>• 납세의무자가 소유한 토지 중 별도합산과세대상</td><td>• 해당 토지 가액 합계를 과세표준으로 하여 별도합산과세대상 표준세율 적용</td></tr>
<tr><td>분리과세</td><td>• 납세의무자가 소유한 토지 중 분리과세대상</td><td>• 해당 토지 가액을 과세표준으로 하여 분리과세대상 표준세율 적용</td></tr>
</table>

출처: 지방세법 제113조, 법제처 운영 찾기쉬운생활법령정보(2025.6월 기준)

- (비과세) 국가·지자체 등 소유재산, 공용·공공용 활용 재산, 도로·하천, 임시사용 건축물 등 공공성과 비영리 목적 등에 따라 재산세 비과세가 가능함(지방세법 제109조)
  - (기부채납 예정 건축물의 비과세 여부) 재산세 비과세 대상은 국가의 소유재산에 한정하므로 준공 및 사용승인을 받은 후일지라도 과세기준일 현재 기부채납이 이행되지 않은 경우, 국가가 취득한 재산으로 보기 어려움

(2) 종합부동산세

- (개념) 고액의 부동산 보유자에 대해 별도로 부과되는 국세로 조세 부담의 형평성과 시장안정을 도모함(종합부동산세법 제1조)
- (납세의무자) 과세기준일 현재 부동산 보유자 중 공시가격이 일정 기준을 초과하는 자에게 납세의무가 부과됨(종합부동산세법 제7조, 제12조)
- (과세표준) 납세의무자별로 주택 및 토지 등 유형별 공시가격 합계액에서 각각의 공제금액을 초과하는 경우 그 초과분에 대해 과세함

표 2-22 종합부동산세 납세의무자

구분	주요내용
주택	• 과세기준일(매년 6월 1일) 현재 주택분 재산세의 납세의무자 • 신탁재산인 경우, 수탁자 명의로 등기 또는 등록된 주택은 위탁자가 납세의무자
토지	• 과세기준일 현재 토지분 재산세의 납세의무자 중 아래에 해당하는 자 - (종합합산과세대상) 공시가격 합계 5억원 초과 - (별도합산과세대상) 공시가격 합계 80억원 초과 • 신탁재산인 경우, 수탁자의 명의로 등기 또는 등록된 토지는 위탁자가 납세의무자

출처: 종합부동산세법 제113조, 법제처 운영 찾기쉬운생활법령정보(2025.6월 기준)

표 2-23 종합부동산세 과세표준

구분	과세표준
주택	• 주택의 공시가격을 합산한 금액 - 9억원(※1세대1주택자 12억원, 법인 0원) X 공정시장가액비율
토지	• (종합합산토지의 공시가격을 합산한 금액 - 5억원) X 공정시장가액비율 • (별도합산토지의 공시가격을 합산한 금액 - 80억원) X 공정시장가액비율

출처: 종합부동산세법 제8조, 법제처 운영 찾기쉬운생활법령정보(2025.6월 기준)

표 2-24 종합부동산세 과세표준 산정시 공정시장가액비율

<table>
<tr><th>구분</th><th colspan="2">공정시장가액비율</th></tr>
<tr><td rowspan="5">토지</td><td colspan="2">(종합) 공시가에서 5억원 공제한 금액
(별도) 공시가에서 80억원 공제한 금액   의 60%~100%(법§13①)</td></tr>
<tr><td colspan="2">공제한 금액의 100%(령§2의4②)</td></tr>
<tr><td>2019년</td><td>공시가의 85%(령§2조의4②①)</td></tr>
<tr><td>2020년</td><td>공시가의 90%(령§2조의4②②)</td></tr>
<tr><td>2021년</td><td>공시가의 95%(령§2조의4②③)</td></tr>
<tr><td rowspan="5">주택</td><td colspan="2">공시가의 60%~100%(법§8①)</td></tr>
<tr><td colspan="2">공시가의 60%(령§2조의4①)</td></tr>
<tr><td>2019년</td><td>공시가의 85%(령§2조의4①①)</td></tr>
<tr><td>2020년</td><td>공시가의 90%(령§2조의4①②)</td></tr>
<tr><td>2021년</td><td>공시가의 95%(령§2조의4①③)</td></tr>
</table>

출처: 종합부동산세법 제8조 및 동법 시행령 제2조의4

- (합산배제 주택) 임대사업자 지원 또는 미분양 해소 등 정책적 목적으로 시행되었으나, 현재 부동산 가격 상승 등의 논란으로 인해 임대사업자 합산배제 규정은 시행이 종료된 상황임
  - (멸실목적 취득 주택) 공공주택사업자, 정비·재생·소규모정비사업 시행

자, 주택조합 또는 주택건설사업자 등이 주택건설을 위해 취득 후, 3년 이내에 멸실한 주택(정당한 사유로 기한 내 멸실하지 못한 경우 포함) (종부세법 제4조 ① 제21호)

- (합산배제 미분양주택) 주택을 신축·판매하는 자가 「주택법」상 사업계획 승인 또는 「건축법」상 허가를 받아 건축·보유한 주택으로, 재산세 최초 납세의무 성립일부터 5년 이내인 미분양주택(종부세법 제8조 ② 제2호, 시행령 제4조 ① 제3호)
- (미분양주택의 민간건설임대주택 전환) 사용검사일까지 분양되지 않아 임대한 주택 중 일정 조건(임대사업자 등록, 공시가 9억 이하, 전용 149㎡ 이하 등)을 충족하여 민간건설임대주택으로 간주되는 주택(종부세법 시행령 제3조 ①)
- (기타 임대주택) 장기일반민간임대주택 등 다음의 요건을 충족하는 주택

표 2-25 종합부동산세 합산배제 임대주택 요건

<table>
<tr><th colspan="2">임대주택 종류</th><th>전용면적</th><th>주택 수</th><th>공시가격</th><th>임대기간</th><th>임대료</th></tr>
<tr><td colspan="2">민간건설 장기일반</td><td>149㎡ 이하</td><td>전국 2호 이상</td><td>9억 이하</td><td>10년 이상</td><td rowspan="4">연 5% 이하 인상</td></tr>
<tr><td rowspan="3">아파트 제외</td><td>민간건설 단기일반</td><td>149㎡ 이하</td><td>전국 2호 이상</td><td>6억 이하</td><td>6년 이상</td></tr>
<tr><td>민간매입 장기일반</td><td>-</td><td>전국 1호 이상</td><td>6억 이하 (비수도권 3억 이하)</td><td>10년 이상</td></tr>
<tr><td>민간매입 단기일반</td><td>-</td><td>전국 1호 이상</td><td>4억 이하 (비수도권 2억 이하)</td><td>6년 이상</td></tr>
</table>

출처: 종합부동산세법 시행령 제4조, 법제처 운영 찾기쉬운생활법령정보(2025.6월 기준)

- (세율) 납세의무자가 보유한 주택 수에 따라 과세표준에 해당하는 세율을 적용하여 계산한 금액을 세액으로 함

표 2-26 주택분 종합부동산세 세율

<table>
<tr><th rowspan="2">구분</th><th rowspan="2">과세표준</th><th colspan="2">세율</th></tr>
<tr><th>2주택 이하</th><th>3주택 이상</th></tr>
<tr><td rowspan="7">주택</td><td>3억 이하</td><td colspan="2">0.5%</td></tr>
<tr><td>3~6억</td><td colspan="2">150만원 + 3억 초과금액의 0.7%</td></tr>
<tr><td>6~12억</td><td colspan="2">360만원 + 6억 초과금액의 1%</td></tr>
<tr><td>12~25억</td><td>960만원 + 12억 초과금액의 1.3%</td><td>960만원 + 12억 초과금액의 2%</td></tr>
<tr><td>25~50억</td><td>2,650만원 + 25억 초과금액의 1.5%</td><td>3,560만원 + 25억 초과금액의 3%</td></tr>
<tr><td>50~94억</td><td>6,400만원 + 50억 초과금액의 2%</td><td>1억1,060만원 + 50억 초과금액의 4%</td></tr>
<tr><td>94억 초과</td><td>1억5,200만원 + 94억 초과금액의 2.7%</td><td>2억8,660만원 + 94억 초과금액의 5%</td></tr>
<tr><td rowspan="3">토지분 (종합 합산)</td><td>15억 이하</td><td colspan="2">1%</td></tr>
<tr><td>15~45억</td><td colspan="2">1,500만원 + 15억 초과금액의 2%</td></tr>
<tr><td>45억 초과</td><td colspan="2">7,500만원 + 45억 초과금액의 3%</td></tr>
<tr><td rowspan="3">토지분 (별도 합산)</td><td>200억 이하</td><td colspan="2">0.5%</td></tr>
<tr><td>200~400억</td><td colspan="2">1억 + 20억 초과금액의 0.6%</td></tr>
<tr><td>400억 초과</td><td colspan="2">2억2,000만원 + 400억 초과금액의 0.7%</td></tr>
</table>

출처: 종합부동산세법 제9조 및 제14조, 법제처 운영 찾기쉬운생활법령정보(2025.6월 기준)

- (비과세) 종합부동산세 부과 시, 재산세 감면 규정을 준용하되 일부 예외 상황에서는 적용하지 않을 수 있음
  - (재산세 감면규정 준용) 「지방세특례제한법」 또는 「조세특례제한법」의 재산세 비과세·과세 면제·경감 규정 및 시·군 감면조례에 따른 재산세 감면규정은 종부세에 준용함(종부세법 제6조 ①, ②)
  - (적용 예외)

  ① 시·군 감면조례에 따른 감면규정이 전국 공통 적용되지 않아 전국적 과세 형평을 저해하는 것으로 인정되는 경우

② 종합부동산세가 합산 배제되지 않는 임대주택에 재산세 감면규정이 적용되는 경우

3) 양도소득세

- (개요) 양도소득세는 소득세법 제4조에 따라 부동산, 그에 대한 권리, 주식 등을 유상양도하여 얻은 일시적·비반복적 차익에 과세하는 국세로 양도차익 산정방식, 보유 기간, 1세대 1주택 비과세 요건, 장기보유특별공제 등에 따라 세액이 달라짐
  - (양도의 개념) 자산의 등기·등록 여부와 무관하게 사실상 유상으로 이전되는 모든 행위(매도, 교환, 현물출자 등)로 부담부증여 시 수증자가 인수한 채무액에 해당하는 부분도 양도로 간주되나, 다음의 경우는 양도로 보지 않음(소득세법 제88조 제1호)

    ① 도시개발법상 환지처분 등으로 지번·지목 변경

    ② 토지경계 변경을 위한 토지 교환(정해진 절차 충족시)

    ③ 위탁자가 실질적으로 신탁재산을 지배하는 경우의 신탁 설정
- (납세의무자) 양도소득에 대한 납세의무는 자산의 소유 형태 및 거주자 여부에 따라 정해지며, 특정 요건하에서는 연대 납세의무 등도 적용됨
  - 거주자는 국내양도소득 및 국외양도소득(자산 양도일까지 5년 이상 거주자만 해당)에 대해, 비거주자는 국내 소득에 대해 납세의무가 있음(소득세법 제1조의2 ① 제1호 및 제2호)

표 2-27 양도소득세 납세의무자 정의 및 과세 범위

구분	정의	과세 범위
거주자	국내에 주소를 두거나 183일 이상 거소를 둔 개인	국내 양도소득 + 국외 양도소득 (5년 이상 거주자만)
비거주자	거주자가 아닌 개인	국내 양도소득

자료: 소득세법 제1조의2(정의), 제118조의2(국외자산 양도소득의 범위) 및 제121조(비거주자에 대한 과세방법) 연구진 재구성

- 증여자의 직접 양도 또는 공동소유 자산의 양도 등에 대한 납세의무자는 다음 표와 같음(소득세법 제2조의2 ③, ⑤)

표 2-28 양도소득세 납세의무의 범위

사례	납세의무자	근거
부담부증여 후 양도 간주시	증여자와 수증자 **연대납세**	법 제2조의2 제3항
공동소유 자산 양도시	각 공동소유자 **개별 납세**	법 제2조의2 제5항

자료: 소득세법 제2조의2(납세의무의 범위) 연구진 재구성

- (과세대상) 해당 과세기간에 발생한 다음의 소득을 과세대상으로 함(소득세법 제94조 ①)

표 2-29 양도소득세 과세대상

구분	자산 종류	주요 내용 및 예시
1. 부동산	토지·건물 (무허가, 미등기 포함)	• 지적공부에 등록해야 할 지목의 토지 • 건물, 그에 부속된 시설물·구축물 등
2. 부동산에 관한 권리	취득권, 지상권, 전세권 등	• 건물 완공 시 취득권(분양권) • 지상권, 전세권, 등기된 부동산임차권 등
3. 주식 등	주식, 출자지분 등	• 상장법인 대주주 양도분 • 비상장주식 (※ 일정 중소·중견기업 장외매매 제외) • 외국 상장주식 등
4. 기타자산	영업권, 이용권, 회원권 등	• 영업권(인가·허가권 포함) • 골프장 회원권 등 이용권 • 특정 과점주주 주식 등 ※ 개발제한구역 이축권 포함 (일부 제외 요건 있음)

구분	자산 종류	주요 내용 및 예시
5. 파생상품 등	파생상품, 파생결합 증권 등	• 옵션, 선물 등 금융투자상품 (일부 이자소득·배당소득 해당 상품 제외)
6. 신탁 수익권	신탁 수익권 양도	• 단순 수익권 양도 (단, 신탁재산의 실질적 이전인 경우, 자산 직접 양도로 간주)

자료: 소득세법 제94조 제1항(양도소득의 범위) 연구진 재구성

- (과세표준) 양도가액에서 취득가액, 장기보유특별공제, 기본공제를 순차적으로 차감하여 산출되며, 종합소득 및 퇴직 소득에 대한 과세표준과 구분 계산됨

표 2-30 양도소득세 계산 구조

순서	구분	주요 내용
1	**양도가액**	• 실지거래가액
	– 취득가액	• 실지거래가액 또는 환산취득가액, 필요경비
	= 양도차익	• 비과세 고가주택의 양도차익 계산
2	장기보유특별공제	• 보유기간, 거주기간
	= 양도소득금액	
3	기본공제	• 소득별 연간 250만원
	= 과세표준	
4	× 세율	• 기본세율, 단기양도 중과세율
	= 산출세액	
5	감면세액	• 조세특례제한법상 감면 적용
	+ 가산세	• 신고불성실, 납부지연
	= 결정세액	
	기납부세액	
	= 납부할 세액	• 예정(또는 확정) 신고납부

자료: 소득세법 제92조(양도소득과세표준과 세액의 계산) 연구진 재구성

• (세율) 거주자의 양도소득세는 자산의 종류와 보유 기간 등에 따라 차등 세율을 적용하며, 여러 세율이 중복될 경우 더 높은 세율을 적용함(소득세법 제104조)

표 2-31 양도소득세율

<table>
<tr><th colspan="2">구분</th><th>양도소득세율</th></tr>
<tr><td rowspan="3">일반세율
(보유기간별)</td><td>1년 미만</td><td>50% (주택·입주권은 70%)</td></tr>
<tr><td>1년~2년 미만</td><td>40% (주택·입주권은 60%)</td></tr>
<tr><td>2년 이상</td><td>누진세율(기본세율): 6%~45%</td></tr>
<tr><td rowspan="4">중과세율</td><td>1세대 2주택
(조정대상지역*)</td><td>누진세율(기본세율) + 20%
* 2년 이상 보유 주택 '26.5.9.까지 양도시 적용배제
<table>
<tr><th>과세표준</th><th>세율</th><th>누진공제</th></tr>
<tr><td>1,400만원 이하</td><td>6%</td><td>-</td></tr>
<tr><td>5,000만원 이하</td><td>15%</td><td>126만원</td></tr>
<tr><td>8,800만원 이하</td><td>24%</td><td>576만원</td></tr>
<tr><td>1.5억원 이하</td><td>35%</td><td>1,544만원</td></tr>
<tr><td>3억원 이하</td><td>38%</td><td>1,994만원</td></tr>
<tr><td>5억원 이하</td><td>40%</td><td>2,594만원</td></tr>
<tr><td>10억원 이하</td><td>42%</td><td>3,594만원</td></tr>
<tr><td>10억원 초과</td><td>45%</td><td>6,594만원</td></tr>
</table></td></tr>
<tr><td>1세대 3주택
(조정대상지역*)</td><td>누진세율(기본세율) + 30%
* 2년 이상 보유 주택 '26.5.9.까지 양도시 적용배제</td></tr>
<tr><td>비사업용 토지</td><td>누진세율(기본세율) + 10%(지정지역: 20%)</td></tr>
<tr><td>분양권</td><td>1년 미만 70%, 1년 이상 60%</td></tr>
<tr><td colspan="2">미등기양도자산</td><td>70%</td></tr>
</table>

※ (참고) 둘 이상의 세율이 적용되는 경우 가장 높은 세율을 적용하며, 한 과세기간 내 둘 이상의 자산 양도시 원칙적으로 자산별 양도소득과세표준을 합산하며, 소득세법 제104조 제5항에 따라 양도소득 산출세액을 계산함

자료: 소득세법 제104조(양도소득세의 세율) 연구진 재구성

• (공제율) ①장기보유특별공제와 ②양도소득기본공제를 통해 양도소득세 과세 표준을 낮출 수 있음

① (장기보유특별공제) 부동산 등 자산을 일정 기간 이상 보유한 경우 양도차익에서 일정 비율을 공제해주는 제도로, '양도소득금액=양도차익-장기보유특별공제액'으로 계산됨(소득세법 제95조 ①)

- (대상) 보유 기간이 3년 이상인 토지·건물 등 일반자산* 및 조합원입주권을 대상으로 하며, 1세대 1주택에 해당 시 거주기간을 반영함(소득세법 제95조 ②)

  * 미등기양도자산과 조정대상지역 내 다주택은 제외하나, 조정대상지역 내 다주택의 경우 2년 이상 보유 주택을 '22.5.10.~'26.5.9.까지 양도시 한시적으로 장기보유특별공제를 적용함

- (산정 방법) 일반자산은 '양도차익 × 공제율', 1세대 1주택은 '양도차익 × 보유공제율+양도차익 × 거주 공제율'로 산정되며, 각 공제율은 아래와 같음

표 2-32 장기보유특별공제율

구분	보유기간	공제율	보유기간	공제율
일반자산 등	3년 이상 4년 미만	6%	10년 이상 11년 미만	20%
	4년 이상 5년 미만	8%	11년 이상 12년 미만	22%
	5년 이상 6년 미만	10%	12년 이상 13년 미만	24%
	6년 이상 7년 미만	12%	13년 이상 14년 미만	26%
	7년 이상 8년 미만	14%	14년 이상 15년 미만	28%
	8년 이상 9년 미만	16%	15년 이상	30%
	9년 이상 10년 미만	18%	-	-

구분	보유기간	공제율	보유기간	공제율
1세대 1주택	3년 이상 4년 미만	12%	2년 이상 3년 미만 (보유기간 3년 이상에 한정)	8%
			3년 이상 4년 미만	12%
	4년 이상 5년 미만	16%	4년 이상 5년 미만	16%
	5년 이상 6년 미만	20%	5년 이상 6년 미만	20%
	6년 이상 7년 미만	24%	6년 이상 7년 미만	24%
	7년 이상 8년 미만	28%	7년 이상 8년 미만	28%
	8년 이상 9년 미만	32%	8년 이상 9년 미만	32%
	9년 이상 10년 미만	36%	9년 이상 10년 미만	36%
	10년 이상	40%	10년 이상	40%

※ 1세대1주택의 경우, 보유 및 거주기간 합산시 최대 80%까지 공제 가능
자료: 소득세법 제95조(양도소득금액과 장기보유특별공제액) 연구진 재구성

- (고가주택 등 비과세 제외대상) 양도소득 비과세 대상에서 제외되는 고가주택 및 조합원입주권의 양도차익과 장기보유특별공제액은 별도의 산식을 적용함(소득세법 제95조 ③)

표 2-33 양도소득 비과세 제외대상 자산(고가주택 등)의 양도차액 및 장기보유특별공제액 계산

구분	산정방식
양도차액	자산 전체 양도차익 × $\frac{\text{양도가액 - 12억원}}{\text{양도가액}}$
장기보유특별공제액	자산 전체 장기보유특별공제액 × $\frac{\text{양도가액 - 12억원}}{\text{양도가액}}$

출처: 소득세법 시행령 제160조

「1세대 1주택 비과세 특례」

• **(특례 대상)** 1세대 1주택 비과세 요건을 충족하지 못하였으나, 이를 적용해주는 특례 규정임

1) 일시적 2주택(소득세령§155①)
2) 상속주택(소득세령§155②)
3) 공동상속주택 소수지분자의 일반주택 비과세(소득세령§155③)
4) 동거봉양을 위한 세대합가(소득세령§155④)
5) 혼인으로 인한 일시적 2주택(소득세령§155⑤)
6) 지정문화재 및 국가등록문화재에 해당하는 주택과 1세대 1주택(소득세령§155⑥)
7) 농어촌주택(소득세령§155⑦)
8) 수도권 밖 취학 등 부득이한 사유로 취득한 주택(소득세령§155⑧)
9) 장기임대주택 또는 장기어린이집 사업자의 거주주택(소득세령§155⑳)
10) 조합원입주권을 1개 보유한 1세대 비과세(소득세법§89①④)
11) 1세대가 주택과 조합원입주권 또는 분양권을 보유하다가 그 주택을 양도하는 경우(소득세법§89②)

• **(일시적 2주택)** 1세대가 기존 주택(종전 주택)을 1년 이상 보유 후 신규주택을 취득하고, 신규주택 취득일로부터 3년 이내 종전 주택을 양도하면 1세대 1주택으로 간주되어 비과세 적용이 가능함

⇒ **(예외)** 일시적 2주택자가 기존 주택을 3년 내 양도하지 못했더라도 다음의 사유 중 하나에 해당하면 1세대 1주택 비과세 요건을 예외적으로 인정함

표 2-34 일시적 2주택자 3년 내 양도 예외 사유

① 자산관리공사(KAMCO)에 매각을 의뢰한 경우
② 법원에 경매 신청한 경우
③ 국세징수법에 따른 공매가 진행 중인 경우
④ 재개발·재건축 등으로 현금청산금 소송 중 또는 미지급 상태인 경우
⑤ 재개발·재건축 등으로 수용재결·매도청구소송 중 또는 대금 미지급 상태인 경우

② **(양도소득기본공제)** 양도소득이 있는 거주자에 대해 다음의 각 소득별로 해당 과세기간의 양도소득금액에서 각각 연 250만 원을 공제함(소득세법 제103조 ①)

1) 토지 · 건물 · 부동산에 관한 권리 및 기타자산의 양도에 따른 소득 (미등기양도자산의 양도소득금액은 제외)

2) 신탁 수익권의 양도에 따른 소득

4) 법인세

- (납세의무자) 내국법인(국가 및 지자체 등 제외)과 국내원천소득이 있는 외국법인은 납세의무를 짐
- (과세소득) 각 사업연도 소득, 청산소득, 토지 등 양도소득, 미환류 소득 등이 대상이 되며, 법인 유형 및 수익사업 여부에 따라 과세소득의 범위가 달라짐
  - 이때, 사업연도는 법인세법 제6조에 따라 법령이나 법인의 정관 등에서 정한 1회계기간으로 하며, 1년을 초과하지 못함

표 2-35 법인 유형별 법인세 과세소득 범위

과세표준		각 사업연도 소득	청산소득	토지등 양도소득	미환류소득
내국법인	영리	국내외 모든 소득	과세	과세	과세
	비영리	국내외 수익사업소득	-	과세	
외국법인	영리	국내원천소득	-	과세	
	비영리	국내원천소득 중 수익사업소득	-	과세	

출처: 국세기본법 제13조, 국세청(2025.7월 기준)

- (과세표준) 해당 연도의 ①익금에서 ②손금을 차감(손금〉익금시 초과액은 결손금 간주)하여 산출한 소득금액에서 ③이월결손금, ④이월제한 항목(비과세소득 또는 소득공제액) 등을 순차 공제하여 과세표준을 산정함(법인세법 제13조 및 제14조)

- (① 익금) 자본 또는 출자의 납입 등 순자산 증가와 무관한 항목은 제외하고 해당 법인의 순자산을 증가시키는 거래로 발생하는 수익 금액을 말하며(법인세법 제15조), 주요 수익 범위(법인세령 제11조)는 다음과 같음

표 2-36 법인세법상 익금(수익)의 범위

구분	익금 포함 항목	근거 법령 (법인세령 제11조)
1. 사업 관련 수입	• 사업 활동을 통해 발생한 수입금액(한국표준산업분류 기준, 시가보다 낮은 내부거래 차액 포함)	제1호
2. 자산 관련 수입	• 자산의 양도금액, 임대료, 평가차익, 무상으로 취득한 자산의 가액	제2호, 2의2호, 제3호, 제4호, 제5호
3. 부채 관련 수익	• 채무 면제 또는 소멸에 따른 부채 감소액	제6호
4. 환입 등 회수분	• 과거 손금으로 처리한 금액 중 환입된 금액	제7호
5. 특수관계 거래	• 시가보다 낮은 유가증권 매입 시 차액, 특관계인으로부터 분여받은 이익 등	제8호
6. 가지급금 관련	• 특수관계인에 대한 가지급금 중 일정 기간 회수되지 않은 금액 및 이에 대한 이자	제9호
7. 보험·보증 준비금	• 보험회사·주택도시보증공사의 책임준비금 감소액 중 수익으로 계상된 금액	제10호, 10의2호
8. 기타	• 기타 법인에 귀속된 수익 등	제11호

출처: 법인세법 제15조 제3항, 시행령 제11조 제1호~제11호 연구진 재구성

- (② 손금) 자본환급 및 잉여금 처분 등 순자산 감소와 무관한 항목을 제외하고 해당 법인의 순자산을 감소시키는 사업 관련 손실 또는 비용을 의미하며(법인세법 제19조), 구체적인 손금 항목(법인세령 제19조)은 다음과 같음

표 2-37 법인세법상 손금(손비)의 범위

손금 산입	순금 불산입
• 상품·제품 등 매입가액, 원재료비 • 급여, 상여 및 퇴직급여 등 인건비 • 복리후생비, 여비교통비 등 실제 업무 관련 경비 • 이자비용(업무 관련 지급이자에 한함) • 고정자산 감가상각비(법정 방법 및 한도 내) • 접대비(법정 한도 내에서만 인정) • 기부금(법정 한도 내에서만 인정) • 손해보험료 등 위험 관련 비용(업무 관련) • 대손상각비 등 실제 발생 손실 • 세금과공과금(일부 세목만 해당)	• 법인세 및 농특세 등 직접세 관련 납부세액 • 부가가치세 매입세액 등 간접세(일부 예외 제외) • 벌금, 과태료, 가산세 및 제재성 세금 • 업무와 직접 관련 없는 이자비용 및 비용 • 잉여금의 처분액(자본거래) • 지급 증명이 불충분한 비용(증빙불비) • 업무무관 자산에 관한 감가상각비, 대손상각비 등 • 기부금 한도 초과분 • 사회통념상 부적절한 복리후생비 또는 접대비 • 임의적 부담금, 제재목적의 공과금

출처: 법인세법 제19조 제4항, 시행령 제19조 제1호~제24호 연구진 재구성

「지급이자의 손금불산입」

• **(손금불산입 이자)** 다음의 차입금 이자는 손금에 산입하지 않음(「법인세법」 제28조 ①)

- 채권자가 불명확한 사채의 이자
- 지급받은 자가 불분명한 채권·증권의 이자, 할인액 또는 차익
- 대통령령으로 정하는 건설자금에 충당한 차입금의 이자 등

• **(건설자금이자)** 법인의 사업용 고정자산 취득 또는 건설에 직접 사용된 차입금 이자는 건설(취득)기간 동안 자산의 취득원가에 포함되어 자본적 지출로 처리되며, 준공 후 감가상각 대상 자산으로 계상하여 손금에 산입함(「법인세법」시행령 제52조)

- **(부동산개발업)** 시행령 제52조는 임대 또는 자가 사용 목적의 고정자산에 대한 건설자금이자만 자본적 지출 대상으로 규정하므로, 분양 등 판매 목적의 재고자산인 경우 해당 연도 비용(손금)으로 처리함

표 2-38 차입원가 처리방식(자본화 후 감가상각 처리 vs 연도별 손금처리)에 따른 비교

구분		자본화 후 감가상각 처리	연도별 손금처리
비교항목	비용인식 시기	자산 사용기간 동안 분산	발생연도 즉시 처리
	세금 절감효과	분산	조기
	회계의 복잡성	다소 복잡	단순
	당기손익 영향	적음	큼
	대상자산	고정자산 등	재고자산 등
장점		• 준공 후 당기손익 개선 효과 • 실질적 투자비 반영 • 현금흐름, 부채비율 관리에 유리	• 즉시 비용 처리로 세액 절감 효과 • 회계·세무 단순화 • 자금 유출과 비용인식의 시점 일치
단점		• 세금 절감효과 지연 • 복잡한 회계 처리 • 자산매각시 손금 급증 우려	• 당기 손익 변동성 확대 가능성 • 감가상각에 의한 비용 분산 효과 부재

- (③ 이월결손금) 손금초과로 발생한 결손금을 이후 연도에 과세표준에서 공제해주는 제도로, 15년 이내 발생분에 한해 소득의 80%(중소기업 등은 100%) 한도 내 공제 가능함
- (④ 이월제한 항목) 비과세소득 및 소득공제액 중 해당연도 공제되지 않은 금액은 이월되지 않으며, 최저한세 적용으로 인한 미공제분 또한 이월 대상이 아님

그림 2-5 법인세 세무조정 과정

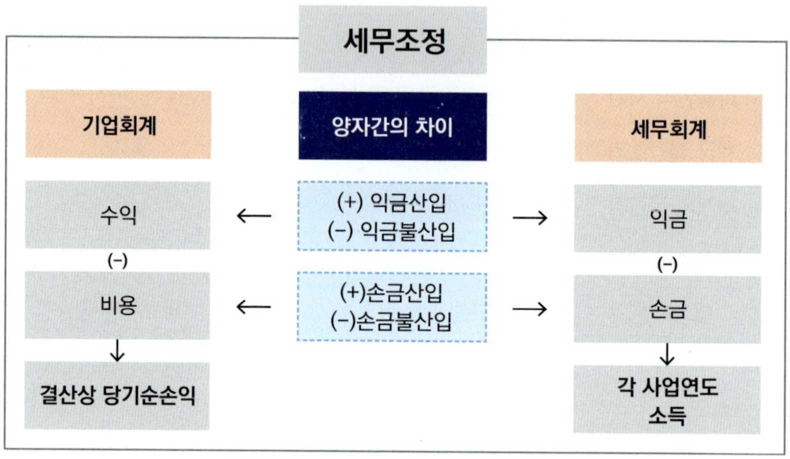

자료: 국세청 법인세 신고절차 연구진 재구성

- (세율) 과세표준에 다음 표의 구분에 따른 세율을 적용하여 계산

표 2-39 법인 유형별 과세소득 범위

과세표준	내국 영리법인	부동산임대업을 주된 사업으로 하는 등
2억 이하	9%	19%
2억~200억	1,800만원 + 2억 초과금액의 19%	
200억 ~3,000억	37억8,000만원 + 200억 초과금액의 21%	38억원 + 200억 초과금액의 21%
3,000억 초과	625억8,000만원 + 3,000억 초과금액의 24%	626억원 + 3,000억원 초과금액의 24%

출처: 법인세법 제55조, 국세청(2025.7월 기준)

- (추가과세 대상) 법인세법 제55조의2 제1항에 따라 비사업용토지, 별장, 분양권 등을 양도할 경우 법인세 외 토지등 양도소득에 대해 10~40% 세율로 추가 과세됨

표 2-40 토지등 양도소득에 대한 법인세 과세 특례

대상	내용	세율	비고
1. 지정지역 내 주택·비사업용토지 등 ('12.12.31.까지 양도)	• 양도소득의 일정 비율을 추가 과세(법§55의2①①)	10%	-
2. 상시 주거용 아닌 별장용 건축물	• 별장으로 사용하는 주택(령 §92의2) 또는 주거용 건축물 양도시 추가 과세(법§55의2①②)	20% (미등기 40%)	농어촌 주택 제외
3. 비사업용토지	• 비사업용토지 양도시 추가 과세(법§55의2①③)	10% (미등기 40%)	-
4. 조합원입주권·분양권	• 주택 취득을 위한 권리 양도시 추가과세(법§55의2①④)	20%	-

※ **부동산매매업자**의 토지등 양도소득에 관한 과세 특례 적용대상 자산 양도도 법인세 추가 납부 대상에 해당함

출처: 법인세법 제55조의2 연구진 재구성

- (예외 대상) 추가과세 대상 중 상시 주거용 아닌 별장용 건축물이라 하더라도, 농어촌주택·장기임대주택·사택·채권 회수 목적 주택 등은 일정 요건 충족 시 추가과세 대상에서 제외됨

표 2-41 토지등 양도소득에 대한 법인세 과세 특례 예외

구분	세부 대상	요건 요약	관련 규정
농어촌주택	읍·면 지역에 소재지정된 기준 충족	• 「지방자치법」 제3조 제3항 및 제4항에 따른 읍·면 소재 • 기재부령 기준 충족 시 별장 과세 제외	법 §55조의2① 제2호 단서, 시행령 규정
장기임대주택	민간건설임대주택, 공공매입 임대주택 등	• 장기임대(5~10년 이상) • 기준시가 39억 이하 • 전용면적 149㎡ 이하 등 조건 충족	령 §92조의2② 제1호~1의15호

구분	세부 대상	요건 요약	관련 규정
사택 제공 주택	사택 등 무상 제공 주택	• 주주 등 제외한 임직원 대상 • 사택 제공기간이 10년 이상	령 §92조의2② 제2호
저당권 등으로 인한 취득 주택	채권 회수 목적	• 저당권 실행 또는 채권변제 목적으로 취득한 경우 • 취득일로부터 3년 이내 양도	령 §92조의2② 제3호
부득이한 사유	천재지변, 폐업 등	• 기획재정부령으로 정하는 불가피한 보유 사유 인정 시	령 §92조의2② 제4호

- **(비과세 대상)** 파산·정비사업·적격거래·공공개발·임대주택 공급 목적 등 공익적·조세 유예 성격을 지닌 토지등의 양도소득은 법인세 추가과세 대상에서 제외됨(법인세법 제55조의2 ④, 령 제92조의2 ④)
  - **(주택 신축 판매)** 주택 신축 후 분양·매각 시, 해당 주택과 그 부수 토지를 일정 면적 이내 범위에서 양도한 경우 추가과세에서 제외함
  - **(비주거)** 오피스텔, 지식산업센터 등 비주거 자산은 법인세법 제55조의2 제1항에 따른 주택에 해당하지 않으므로 추가과세 대상에서 제외됨

「PFV의 법인세 관련 규정」

- **(손익 귀속 사업연도)** 일반 법인과 동일하나, 다음과 같은 토지개발사업을 하는 경우 예외로 규정하여 그 양도대금을 사업 진행률에 따라 각 사업연도의 익금에 산입함
  - 도시개발법에 따른 도시개발사업
  - 「산업입지 및 개발에 관한 법률」에 따른 산업단지개발사업
  - 「택지개발촉진법」에 따른 택지개발사업
  - 「혁신도시 조성 및 발전에 관한 특별법」에 따른 혁신도시개발사업
- **(소득공제)** 배당가능이익의 90% 이상 배당한 경우, 해당 사업연도의 소득금액에서 공제함(조세특례제한법 제104조의31)

「개인사업자의 소득세와 법인의 법인세 과세」

표 2-42 토지등 양도소득에 대한 법인세 과세 특례

구분	주택신축판매업	부동산매매업	부동산임대업	법인(부동산개발 및 공급업)
소득의 종류	사업소득(분양)	사업소득(매매)	사업소득(임대) 양도소득(매매)	법인소득(분양)
토지·건물의 계정 분류	재고자산	재고자산	유형자산	재고자산
수익 인식 시점	대금청산일	대금청산일	임대: 지급약정일 매매: 대금청산일	원칙: 진행기준 예외: 인도기준

출처: 부동산개발 세무실무(임영택·박흥수, 2025)

5) 부가가치세

- (개요) 부동산 등 재화의 취득 시 부가가치세법(이하 부가법) 제3조(납세의무자), 제4조(과세대상), 제9조(재화의공급), 제30조(세율) 등에 따라 부가세가 부과되며, 토지는 취득 시 부가세 면세되어 건물에 대한 부가세만 부가됨(부가법 제26조)
- (납세의무자) 개인, 법인(국가·지자체, 지자체조합 포함), 법인격이 없는 사단·재단 또는 그 밖의 단체는 부가가치세 납부의 의무가 있음(부가법 제3조)
  1. 사업상 독립적으로 재화 또는 용역을 공급하는 사업자(영리·비영리 관계없음)
  2. 재화를 수입하는 자
- (과세대상) ① 사업자가 행하는 재화 또는 용역의 공급, ② 재화의 수입 거래에 대해 과세함(부가법 제4조)
  - (재화 또는 용역의 범위) 유체물·자연력·권리 등 재산적 가치가 있는 것

을 '재화', 그 외 건설업·부동산업 등 14개 업종에서 발생하는 재산적 가치가 있는 모든 역무나 행위를 '용역'으로 정의함

표 2-43 부가가치세법상 재화 및 용역의 범위

구분	재화	용역
정의	• 재산 가치가 있는 물건 및 권리(부가법 제2조 제1호)	• 재화 외 재산 가치가 있는 모든 역무와 그 밖의 행위(부가법 제2조 제2호)
범위	• **(물건)** 상품, 제품, 원료, 기계, 건물 등 모든 유체물과 전기, 가스, 열 등 관리할 수 있는 자연력(부가령 제2조 제1항) • **(권리)** 광업권, 특허권, 저작권 등 물건 외에 재산적 가치가 있는 모든 것(부가령 제2조 제2항)	• 용역의 구체적 범위(부가령 제3조 제1항) 1. 건설업 2. 숙박 및 음식점업 3. 운수 및 창고업 4. 정보통신업(※출판업·영상·오디오 제작·배급업 제외) 5. 금융 및 보험업 6. 부동산업(※전답·임야 등 임대업 및 공익사업 관련 권리 대여 제외) 7. 전문·과학·기술 서비스업, 사업 지원 및 임대 서비스업 8. 공공행정, 국방 및 사회보장 행정 9. 교육 서비스업 10. 보건업 및 사회복지 서비스업 11. 예술, 스포츠 및 여가관련 서비스업 12. 협회, 단체, 수리 및 기타 개인서비스업(제조업 중 산업용 기계 및 장비 수리업 포함) 13. 가구 내 고용활동 및 자가소비 생산활동 14. 국제 및 외국기관의 사업
예외	-	• 건설업과 부동산업 중 용역 공급 예외(부가령 제3조 제2항, 부가칙 제2조 제2항) 1. 부동산 매매(주거용·비거주용 건축물을 자영건설 후 분양·판매하는 경우 포함) 또는 그 중개를 사업목적으로 나타내어 부동산을 판매하는 사업 2. 사업상 목적으로 1과세기간 중에 1회 이상 부동산을 취득하고 2회 이상 판매하는 사업

- (과세표준) 재화·용역 공급에 대한 과세표준은 해당 과세기간 내 **공급가액 합계**로 하며, 수입 재화는 과세가격+관세+개별소비세+주세+교육세+농어촌특별세+교통·에너지·환경세 등 부가세 제외 모든 세금을 포함함
  - (공급가액 범위) 부가가치세법 제29조 제3항부터 제11항까지에 규정된 과세표준에 포함되는 공급가액의 범위, 공급가액 불포함 금액, 과세표준 비공제 금액에 대한 구체적인 내용은 아래의 표와 같음

표 2-44 부가가치세법 제29조 과세표준 공급가액 범위

구분	공급가액 기준	법적 근거
① 금전으로 대가를 받는 경우	• 외화를 환가한 경우, 환가금액 • 외화를 보유·수령한 경우, 공급 시점의 환율 또는 재정환율 환산금액	법§29③① /령§59
② 금전 외 대가를 받는 경우	• 공급한 재화 또는 용역의 시가	법§29③②
③ 폐업 시 남은 재화	• 폐업 시점의 시가	법§29③③
④ 간주공급 (자기사용 등)	• 공급한 재화 또는 용역의 시가	법§29③④
⑤ 자산 무상 공급 등	• 소득세법·법인세법상 취득가액(단, 타 사업장 반출 시 가산금액 적용) • 개별소비세·주세·교통·에너지·환경세 부과 재화는 해당 세액 포함	법§29③⑤ /령§60
⑥ 외상·할부·마일리지 등 공급	• 공급형태 등 고려, 유형별 별도 규정(아래 세부 참고)	
외상판매·할부판매	• 공급한 재화의 총가액	법§29③⑥ /령§61
장기할부·계속공급·중간지급	• 계약상 받기로 한 각 분할대가	
기부채납	• 기부채납 가액 (VAT 제외)	

구분	공급가액 기준	법적 근거
마일리지 사용	• 결제금액 + 보전받은 마일리지 등 • 실거래가 확인 어려운 경우, 시가기준 적용 가능	
기타(보세구역·장기계약 등)	• 과세기간 분할 등 별도 계산기준 적용	
⑦ 특수관계인 간 부당거래	• 공급한 재화·용역의 시가	법§29④
⑧ 부가세 포함 여부 불분명시	• 총수령액 × 100/110	법§29⑦
⑨ 과세·면세 공통 사용 재화	• (기본) 공급가액 × 직전 과세공급액 ÷ 직전 총공급액 • (면적 기준) 공급가액 × 직전 과세면적 ÷ 총면적 • (예외) 과세표준 전액 적용 ① 면세 비중이 5% 미만 (단, 공급가액 5천만 원 이상은 제외) ② 공급가액 50만 원 미만 ③ 신규 사업자	법§29⑧ /령§63
⑩ 토지와 건물 동시공급	• 건물 등 실지거래가액 • 예외시 안분계산(기준시가·감정가·장부가 등 기준) ① 토지와 건물의 가액이 불분명한 경우 ② 토지와 건물의 구분가액이 안분계산가액과 30% 이상 차이나는 경우 (단, 타 법령 따라 구분된 경우 등 제외)	법§29⑨ /령§64
⑪ 부동산 임대용역	• 대통령령으로 정하는 계산금액	
1. 보증금 수령시	• 보증금 × 과세기간 일수 ÷ 365 × 정기예금이자율 (정기예금이자율은 예정신고일 또는 과세기간 종료일 기준)	법§29⑩ /령§65
2. 전대차(재임대)인 경우	• 수령 보증금 – 지급 보증금의 차액 기준으로 1번 공식 적용(직접 사용 면적은 제외 계산)	
3. 보증금 임대료에 충당한 경우	• 충당액은 보증금에서 제외 후 계산	

구분	공급가액 기준	법적 근거
4. 과세·면세 임대 혼합공급시	• 총임대료 × 토지/건물 가액 비율 • ① × 과세면적 ÷ 전체면적으로 안분해 토지분·건물분 공급가액 산출	
5. 선불·후불 계약시	• 총대가 ÷ 계약 개월 수 × 과세기간 개월 수로 분할해 공급가액 산정	
6. 기타	• 그 외 필요한 사항은 기획재정부령으로 규정	
⑫ 감가상각자산 공급	• (건물) 취득가 × (1 - 5% × 과세기간 수) • (기타) 취득가 × (1 - 25% × 과세기간 수) • 면세사업 일부 사용 시 비율 적용	법§29⑪/령§66
※ 공급가액 불포함 금액	• 다음의 금액은 공급가액에 포함되지 않음	
직접할인액	• 품질, 수량, 인도조건, 결제조건 등 공급조건에 따라 통상 대가에서 직접 깎아 주는 금액	
환입 재화	• 환입(반품)된 재화의 가액	
파손·훼손·멸실	• 수령 전 파손·훼손·멸실 재화의 가액	법§29⑤
보조금	• 공급과 직접 관련 없는 국고보조금 및 공공보조금	
연체이자	• 지급 지연에 따른 연체이자	
기일 전 할인	• 기일 전 대가를 받아 할인해준 금액	
※ 과세표준 비공제 금액	다음의 금액은 과세표준에서 공제하지 않음	
장려금	• 장려금 또는 유사한 금전은 공제하지 않음	
대손금액	• 외상매출금 등 매출채권이 대손된 경우라도 해당 대손금액은 공제하지 않음(다만, 회수된 대손금액이 있는 경우 회수 시점 매출세액에 다시 가산)	법§29⑥, §45①

출처: 부가가치세법 제29조 제3항~제11항 재정리

- (세율) 부가가치세법 제30조에 따라 부가가치세의 세율은 10% 단일세율이 적용되며, 개발사업과 관련한 특별세율 또는 감면세율 없음
  - (면세 요건) 단, 토지 및 일부 주택에 대한 부가가치세 면세가 가능함

표 2-45 부가가치세 면세대상

구분		토지	건물
주택	국민주택 (전용면적 85㎡이하)	면세 (부가가치세법 §26①⑭)	면세 (조세특례제한법 §106①④, 령§106④)
	국민주택규모 초과		과세
비주택(상가, 오피스텔* 등)			과세

* 오피스텔은 원칙적으로 과세대상이나, 실제 주거용 사용이 명확한 경우에는 면세 적용이 가능함
(※국세청 유권 해석 및 판례 참조 필요)

자료: 부가가치세법 제26조, 조세특례제한법 제106조 연구진 재구성

- (기부채납의 면세 여부) 부가가치세법 제26조 제1항 제20호*에 따라 반대급부 없는 무상 기부채납의 부가가치세는 면제되며, 그 외 구체적인 과세 여부는 아래와 같음

  * 국가, 지자체, 지자체조합 또는 대통령령으로 정하는 공익단체에 무상(無償)으로 공급하는 재화 또는 용역

6) 부동산개발사업의 세금 납부 종합

- 민간개발사업에서는 부동산의 취득, 보유, 처분 각 단계에 따라 다양한 세금이 부과되며, 일부의 경우에는 기타 과세 항목까지 포함되어 납세자의 부담이 누적될 수 있음
- 따라서, 앞서 살펴본 단계별·세목별 과세구조를 구체적으로 납세 대상, 과세 기준, 과세표준, 세율, 주요 특징과 함께 현실에서 발생할 수 있는 쟁점까지 다음의 [표 2-46]와 같이 종합적으로 정리함

① 취득 단계

- 실질 과세 원칙과 조정대상지역 및 법인에 대한 중과 제도로 인해 초기 진입 시점부터 과세 부담이 집중됨
  - 유상거래의 경우 주택은 1~4%, 무상거래는 일반적으로 3.5%, 원시취득

은 2.8% 등 실질 과세 원칙이 적용됨

- 조정대상지역, 법인, 다주택자 등에는 중과세율이 적용되며, 등기 불필요 거래도 과세가 발생하는 특징이 있음

② 보유 단계

- 재산세, 종합부동산세 등 보유세는 분양 지연, 사업성 악화 등 현장 상황과 무관하게 과세기준일 보유 여부로 과세되므로 계획단계에서부터 부담을 고려할 필요가 있음
  - 재산세는 모든 토지, 건축물, 주택 등 보편적으로 부과되는 지방세로 과세 유형(종합·별도·분리)에 따라 세율이 달라짐
  - 종합부동산세는 일정 기준을 초과하는 고액 보유자에게 부과되며, 주택·토지별 공시가격 합계에서 일정 금액을 공제하고, 공정시장가액비율을 적용하여 과세함

③ 처분·양도 단계

- 장기보유특별공제, 1세대1주택 비과세 등 공제 제도가 존재하나, 중과세와 누진 구조로 인해 고가 자산 보유자에게는 여전히 높은 세 부담이 발생할 수 있음
  - 부동산, 권리, 주식 등 양도 시 양도소득세가 부과되며, 실현된 양도차익에 따라 누진세율이 적용됨
  - 1년 미만 단기 보유 주택·입주권은 최대 70%까지 세율이 적용될 수 있고, 2년 이상 장기보유분은 기본 누진세율(6~45%)이 적용됨

④ 기타 과세

- 건물 공급과 관련하여 부가가치세가 부과되며, 기부채납 건축물에 대해서도 과세가 발생할 수 있음
  - 공적 기여와 별도로 추가 세금이 발생하는 구조이므로, 사업계획 시 이중 부담 여부 검토가 필요함

표 2-46 민간개발사업 단계별 조세 종합

구분	① 취득 단계	② 보유 단계		③ 처분(양도) 단계		④ 기타 과세
세목	**취·등록세**	**재산세**	**종합부동산세**	**양도소득세**	**법인세**	**부가가치세**
과세대상	부동산 등 실질 자산	토지·건축물·주택 등 재산	고액 부동산	부동산, 권리, 주식 등 양도	법인소득 및 자산 양도	건물 공급 등 과세 재화·용역
과세 기준일	취득 후 60일 이내	매년 6월 1일	매년 6월 1일	양도일 속하는 달 말일부터 2개월 이내	사업연도 종료일이 속한 달의 말일부터 3개월 이내	6개월 과세기간, 그중 3개월 예정신고
과세표준	• **(유상)** 실거래가 • **(무상)** 시가인정액 또는 시가표준액 • **(원시)** 실거래가 또는 시가표준액	시가표준액× 공정시장가액비율	• **(주택)** 공시가-9억×공정시장가액비율 • **(1세대1주택)** 공시가-12억×공정시장가액비율 • **(토지)** 종합 5억,별도 80억 초과분×공정시장가액비율	• 양도가액-취득가액-장기보유특별공제-기본공제	• 익금-손금-이월결손금-이월제한 항목	• 공급가액(부가세 제외) • 또는 수입가액(부가세 외 모든 세금 포함)
세율	• **(유상)** 주택 1~4% • **(무상)** 일반 3.5% • **(원시)** 2.8% • **(중과)** 최대 12%	누진세율 • **(주택)** 0.1~0.4% • **(1세대1주택)** 0.05 ~ 0.35% ※ 세부 누진구간 별도 참조	누진세율 • **(주택)** 0.5~5% • **(토지)** 종합 1~3%, 별도 0.5~0.7% ※ 세부 누진구간 별도 참조	일반세율(보유기간별) • **(1년 미만)** 50%, 주택·입주권 70% • **(1년~2년)** 40%, 주택·입주권 60% • **(2년 이상)** 누진세율(기본세율) 6~45%	누진세율 • **(부동산임대업 등 내국법인)** 19~24% • **(그 외)** 9~24% ※ 세부 누진구간 별도 참조 • **(추가 과세)** 10~40%	• **(단일세율)** 10%
주요 특징	• 등기 불요 • 실질 과세 원칙 • 조정대상지역·법인·다주택에 중과	• 과세 유형(종합/별도/분리) 따라 차등 • 공공성·비영리 목적 등 비과세	• 공정시장가액비율 적용 • 법인 공제 없음	• 장기보유특별공제, 양도소득 기본공제, 1세대 1주택 비과세 특례 존재	• 토지·주택 등 자산 양도 시 중과 • PFV 일부 소득공제 가능	• **(토지)** 면세 • **(건물)** 전용 85㎡ 이하 국민주택 외 과세 • **(기부채납)** 대가로 수익권 부여 시 과세
비판·문제점	• 중첩 과세구조 • 취득 초기 부담과도	• 사업 지연·미분양에도 과세 지속 • 기부채납 건축물 절차 미이행 시 과세	• 고가 기준 초과 시 과세 폭탄 • PFV 적용 불명확	• 과세 누진 구조 • 규제지역 중과	• 고율 중복 과세 • 실현되지 않은 평가이익에도 과세위험 존재	• 기부채납에도 과세 • 공적 기여에 조세 중복 부과

2.3 준(準)공공기여적 부담의 특성

- 민간개발사업은 단순히 사적 이익을 창출하는 경제활동에 그치지 않고, 사업단계별 다양한 부담금 및 조세를 납부함으로써 사회적 비용과 공공적 책임을 함께 수반함
  - 이는 사업자에게 초기 투자 단계에서부터 준공 이후까지의 연속적인 재정적 의무를 부담하게 하고, 결과적으로 개발이익의 독점을 방지하며 지역 사회 기반시설 확충과 공공성 강화에 기여하도록 함
- 이처럼 부담금 및 조세는 그 법적 성격과 부과방식에는 차이가 있으나, 궁극적으로 개발로 발생한 이익을 사회와 공유한다는 점에서 공공환원적 성격을 가짐
  - 조세는 법률에 근거하여 일률적으로 부과되는 재원조달 수단으로 취득-보유-처분 등 사업의 진행 단계마다 각각의 세금이 부과되어 사업자의 장기 재정 계획 및 위험 관리에 매우 중요한 요소가 됨
  - 부담금은 특정 개발행위와 직접 연관된 비용을 사업자에게 귀속시키는 조세 외의 금전 지급 의무로 일반 재정 수입을 목적으로 하는 조세와 달리 특정 공익사업의 재원 마련을 주된 목적으로 함
- 개발단계부터 개발 완료 이후까지 다양한 유형의 부담금이 부과됨
  - 개발단계에서는 수도·하수도 원인자부담금, 도로원인자부담금, 광역교통시설부담금, 농지·산림 훼손 조성비, 과밀부담금 등이 부과되며, 주로 기반시설 확충 및 환경적 훼손 보완을 위한 성격을 지님
  - 개발 완료 이후에는 개발부담금, 교통유발부담금, 재건축부담금 등이 발생하여 개발이익의 일정 부분을 환수하고, 장래의 교통·환경 비용을 분담하는 기능을 수행함

- 학교용지부담금과 같은 일부 부담금은 수분양자에게 전가되기도 하여, 최종적으로 사업자와 수분양자가 함께 부담 구조에 참여하는 양상을 보임

- 조세 또한 개발사업 전 단계에서 분절되어 부과되며, 사업자의 재정적 부담을 구조화하는 핵심 요소로 작용함
  - 취득 단계에서는 취·등록세가 초기 진입 장벽을 형성하며, 보유 단계에서는 재산세와 종합부동산세가 매년 반복적으로 부과되어 사업의 지속 여부와 비용 구조에 직접적 영향을 미침
  - 처분 단계에서는 양도소득세와 법인세가 개발이익 실현 시점에 중과세율과 결합되어 상당한 세 부담을 유발하며, 건물 공급에 따른 부가가치세는 기부채납 시설에도 적용되어 사실상 중복 과세 논란으로 이어질 수 있음
  - 이처럼 조세는 사업단계마다 필수적으로 발생하는 법적 의무로서, 부담금과 함께 과세될 경우 사업자의 총 부담수준을 크게 증폭시키는 요인으로 작용함

- 이처럼 민간개발사업 과정에서 계획-개발-완료 단계 전반에 걸친 준공공기여 성격의 조세·부담금 부과가 발생하고 있으며, 사업자는 연속적인 납세·납부의 의무를 수행함
  - 현행 체계에서 사업자가 부담하는 부담금과 조세의 총량은 단순한 단일 기여가 아닌 구조적·반복적 의무로 볼 수 있음
  - 향후 제도적 논의 과정에서 제도의 공공적 취지와 사회적 필요성을 충분히 고려하면서, 실무적으로 사업자가 체감하는 재정적 압박을 일부 완화할 수 있도록 균형 있는 논의가 필요함

표 2-47 개발사업에 따른 현행 부담체계

구분			부담 내용	부담 방법	부담 시기	비고
사업자	계획단계	원인자 부담+ 개발이익 환수	기반시설 기부채납	토지, 현금, 건축물	–	• 지구단위계획, 정비사업 등 계획수립단계에서 기부채납 결정
	개발단계	원인자 부담	수도시설 원인자부담금	비용	조례	• 일반적으로 건축허가시 또는 사업 인허가시 결정
			하수도시설 원인자부담금	비용	조례	
			도로원인자 부담금	비용	조례	• 서울시는 개발사업으로 도로의 손괘 등 발생할 시 부과
		시설 부담금	광역교통시설 부담금	비용	실시계획 승인 60일 이내	• 대규모 개발에 따른 교통난을 완화를 위한 재원 확보
		기타 부담금	농지조성비, 대체산림자원 조성비, 대체초지 조성비 등	비용	실시계획 승인일	• 개발사업에 따라 농지 등 훼손이 있는 경우 부과
			과밀부담금	비용	건축 허가일	• 수도권 과밀해소를 위해 부과(현재 서울시만 적용)
			공공시설 수익자부담금 등	비용	–	• 공공시설로 인해 이익을 받는 경우 부과
	개발완료후	개발이익 환수	개발부담금	비용	개발 완료 시점	• 개발이익의 25%
		원인자 부담	교통유발부담금	비용	매년	• 시설물 바닥면적 합계 × 단위부담금(1㎡당 350원) × 교통유발계수
		사업 이익에 대한 세금	법인세	비용	사업이익 발생 연도	• 법인소득의 10~22%

<table>
<tr><th colspan="3">구분</th><th>부담 내용</th><th>부담 방법</th><th>부담 시기</th><th>비고</th></tr>
<tr><td rowspan="4">개인</td><td rowspan="2">개발단계</td><td>시설 부담금</td><td>학교용지부담금</td><td>비용</td><td>분양 후</td><td>• 개발사업자의 분양자료 제출 후 분양받은 자에게 부담(공동주택의 경우 분양가의 0.8% 수준)</td></tr>
<tr><td>개발이익 환수</td><td>재건축부담금</td><td>비용</td><td>준공인가 후</td><td>• 재건축부담금 = 주택가격 총액 - 개시시점 가격 - 정상주택가격 상승분 - 개발비용</td></tr>
<tr><td rowspan="2">개발완료후</td><td rowspan="2">소득에 대한 세금 (주주·수분양자)</td><td>주주배당</td><td>비용</td><td>사업이익 배당 시</td><td>• 배당소득의 14~35%</td></tr>
<tr><td>재산세</td><td>비용</td><td>매년</td><td>• 토지·건축물 평가액의 0.1~4%</td></tr>
</table>

※ 개발사업 시 사업자가 느끼는 부담금의 규모:

출처: 국토교통부(2013), 적정한 기부채납 가이드라인 마련을 위한 연구

III 사회·경제적 관점에서의 기여

3.1 개발사업의 외부효과

1) 개념 및 정의

• (외부효과의 정의) 한 경제 주체의 행위가 제3자에게 의도치 않은 비용(cost) 또는 편익(benefit) 등 경제적 후생에 영향을 미치지만, 그에 대한 대가를 받지도 지불하지도 않는 것을 의미함

- 외부효과는 크게 두 가지로 구분할 수 있음
  ① 부정적 외부효과(외부불경제): 어떤 행위가 제3자에게 비용을 발생시킴
  ② 긍정적 외부효과(외부경제): 어떤 행위가 제3자에게 편익을 유발함
- 대기오염·소음공해·교통혼잡은 제3자에게 원치 않는 비용을 발생시키는 부정적 외부효과의 대표적 사례이며, 과수원 주인과 양봉업자의 관계는 서로에게 의도치 않은 편익을 제공하는 긍정적 외부효과의 전형적 예라 할 수 있음

• (외부효과와 시장실패의 관계) 외부효과의 존재는 시장가격에 반영되지 않는 비용이나 편익이 존재하는 상황으로, 시장실패의 대표적인 유형임

- 시장실패란 자유시장 체계에서 수요와 공급을 통한 자원 배분이 사회적으로 효율적인 수준에 도달하지 못하는 상황을 의미함

- 외부효과가 존재할 경우 사회적 비용과 편익이 가격에 반영되지 않아 결과적으로 생산과 소비가 사회적으로 최적 수준에 미치지 못하게 됨
- 따라서 외부효과로 인한 시장실패를 교정하기 위해 정부는 외부불경제에 대해 세금이나 부담금을 부과하고, 외부경제에 대해서는 사회적 편익을 반영하여 보조금 등을 제공하는 방식으로 시장에 개입함

그림 3-1 부정적 외부효과와 긍정적 외부효과

부정적 외부효과	긍정적 외부효과

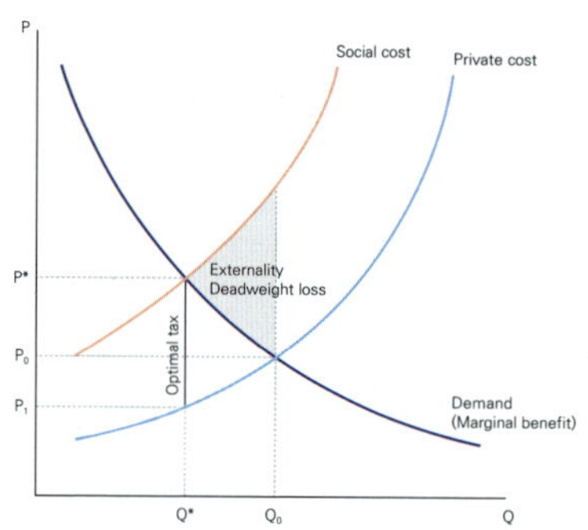

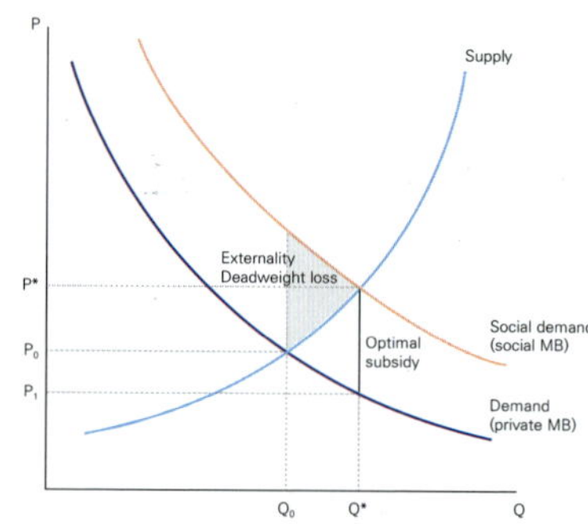

- **(개발사업과 외부효과)** 부동산개발사업은 과거 부정적 외부효과를 중심으로 논의되어 왔으나, 최근에는 쇠퇴 또는 소멸 위기에 있는 지역의 활력을 되찾는 중요한 수단으로도 인식되고 있음
  - 그동안 부동산개발사업은 기반시설 과부하, 교통혼잡, 환경오염 등 부정적 외부효과에 초점을 두고 논의됐으며, 이러한 시장실패를 보완하기 위해 부담금과 공공기여 부과는 필수적인 것으로 인식되어 옴
  - 그러나, 개발사업(편의시설, 대형 쇼핑몰, 업무시설, 주거시설 등)은 부정적 외부효과 외에도 인구 유입, 고용 창출, 상권 성장 등 지역 경제 활성화와 성장거점 형성이라는 긍정적 외부효과를 동반함(김창수·엄수원, 1996)
  - 쇠퇴지역의 경우, 대형 복합쇼핑몰 건설이 침체된 부동산시장의 촉매제로 작용하여 긍정적 작용을 한 사례가 있음(이규태 외, 2018)

- 2024년 기준 전국 228개 시군구 중 130곳이 소멸위기 지역으로 분류된 상황에서, 대규모 민간개발사업이 유동인구 증가와 상권 활성화 등 긍정적 외부효과를 통해 지역 활력을 회복하는 데 기여할 수 있다는 점에 주목해야 함

2) 산출방식

- 특정 산업이 지역 내에서 미치는 경제적 파급효과를 분석하기 위해서는 입지상 분석, 산업연관분석, 변이할당분석, 지역별 산업 집중도 분석 등의 모형이 활용됨(한국산업단지공단, 2017)
- 본 장에서는 지역 경제의 산업 간 상호작용과 경쟁력을 종합적으로 분석할 수 있어 다수의 연구에서 활용되고 있는 산업연관분석과 변이할당분석을 중점적으로 살펴봄

(1) 산업연관분석

- (정의) 생산활동을 통해 이루어지는 산업 간 연관 관계를 계량적으로 분석하는 방법으로, 한 지역 내 또는 지역 간의 재화와 용역의 흐름을 파악함
  - 특정 상품·산업의 최종수요(소비, 투자, 수출) 변동이 타 산업부문의 생산, 소득, 고용에 미치는 파급효과를 분석하여 지역 간, 산업 간 상호 연관 관계를 명확히 파악할 수 있음(한국은행, 2024)
- (활용) 산업연관분석을 통해 도출된 산업간 구조적 연관 관계는 경제정책 수립, 정책효과 측정, 산업 발전전략 수립, 경제파급효과 예측 등 다양하게 활용됨
  - 특히, 서울시는 재정사업 추진 시 사업추진 여부 판단을 위한 타당성 검토 절차에 경제적 파급효과 분석을 포함하여 정책의 정당성을 확보하고 있음(서울연구원, 2024)

그림 3-2 산업연관분석: 생산 파급과정 및 산업 분류표

생산의 파급과정	건설 및 주요 제조업 부문 분류표

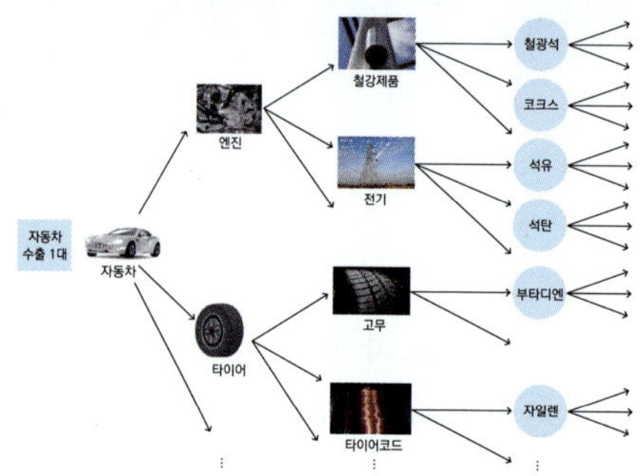

대분류	중분류	소분류	기본부문
건 설	건축및건축보수	주택건축	• 철근철골조주택 • 기타주택
		비주택건축	• 철근철골조비주택 • 기타비주택
		건축보수	• 건축보수
	토목건설	교통시설건설	• 도로시설 • 철도시설 • 지하철시설 • 항만시설 • 공항시설
		기타토목건설	• 하천사방 • 상하수도시설 • 농림수산토목 • 도시토목 • 전력시설 • 통신시설 • 기타건설
전기 · 전자기기	전자기기부분품	반도체	• 개별소자 • 집적회로(IC)
수송장비	자동차및부분품	자동차	• 승용차 • 승합차 • 화물자동차 • 특장차
		자동차엔진및부분품	• 자동차용엔진 • 자동차부분품
	선박	선박	• 강철제선박 • 기타선박 • 선박수리및부분품

출처: 한국은행(2014), 『산업연관분석해설』

- (산업연관표) 산업연관분석은 산업연관표를 기반으로 수행되며, 산업연관표는 일정 기간 국민경제 내 재화와 서비스의 생산 및 처분 과정에서 발생하는 모든 거래를 일정한 원칙과 형식에 따라 기록한 종합적인 통계표를 의미함
  - (구성) 산업연관표는 투입산출표와 공급사용표로 구성됨
    ① 투입산출표(Input-Output Table): 상품 기준의 생산 내역을 나타내는 표
    ② 공급사용표(Supply-Use Table): 산업 기준의 생산 내역을 나타내는 표
- (산업연관분석의 각종 계수) 각 계수는 최종수요 항목이 1단위 증가할 때, 각 부문에서 생산, 부가가치, 수입, 취업(고용)이 직·간접으로 얼마나 유발되는지를 나타냄
  - (① 생산유발계수) 최종수요 1단위 발생 시 각 부문의 생산에 미치는 직·간접의 파급효과를 나타내며 누적 승수의 의미를 지님
  - (② 부가가치유발계수) 최종수요 발생으로 생산이 유발되며, 이 과정에서 창출되는 부가가치를 측정하여 최종 수요가 부가가치 창출의 원천임을 보여줌

- (③ 수입유발계수) 생산활동에 필요한 수입품 사용을 고려하여 최종수요 발생이 수입에 미치는 효과, 즉 수입유발효과를 계측함
- (④ 취업·고용유발계수) 최종수요 발생이 생산을 유발하고, 생산은 다시 노동수요를 유발하는 파급 메커니즘에 기초하여 최종수요 발생에 따른 취업·고용유발효과를 측정함

「주택건설에 따른 경제적 파급효과 분석」

• **(분석대상)** 주거용 건물(아파트) 1세대 건설 시 경제적 파급효과를 분석함

– **(적용 계수)** 생산유발계수, 부가가치유발계수, 취업·고용유발계수

표 3-1 주거용 건물의 생산·부가가치·취업·고용 유발계수(2019년 기준)

생산유발계수	부가가치유발계수	취업유발계수	고용유발계수
2.052	0.836	12.11	9.45

자료: 한국은행

– **(투입자본)** 주거 전용면적(59㎡, 84㎡)당 평균 건축비를 산출하여 투입자본으로 사용

– **(산출방식)** 1세대당 평균 건축비 × 각 유발계수

• **(분석결과)**

– **(건축비 추정)** 전용 59㎡ 평균 3.06억 원, 전용 84㎡ 3.92억 원 발생 가정
('23.12.~'24.11. 수도권 입주자모집공고 13개 단지 평균)

– **(생산유발효과)** 전용 59㎡ 6.27억 원, 전용 84㎡는 8.04억 원의 효과 발생

– **(부가가치유발효과)** 전용 59㎡ 2.55억 원, 전용 84㎡ 3.28억 원의 효과 발생

– **(취업·고용유발효과)**
  • 취업유발효과: 전용 59㎡는 3.70명, 전용 84㎡는 4.74명,
  • 고용유발효과: 전용 59㎡는 2.89명, 전용 84㎡는 3.7명 발생

표 3-2 아파트 1세대 건설에 따른 경제적 파급효과

규모	생산유발효과	부가가치유발효과	취업유발효과	고용유발효과
59㎡	627,065,328원	255,471,060원	3.70명	2.89명
84㎡	803,971,365원	327,543,890원	4.74명	3.70명

자료: 한국은행(산업연관표, 고용표) 자료를 바탕으로 작성

⇒ **(타산업 대비 높은 파급효과)** 주거용 건물의 생산, 부가가치, 취업·고용 유발계수는 타 산업 대비 상위(17~40%)에 위치, 지역 경기 부양에 높은 파급효과를 나타냄

표 3-3 주거용 건물의 생산·부가가치·취업·고용 유발계수 내 순위(2019년 기준)

구분	생산유발계수	부가가치유발계수	취업유발계수	고용유발계수
순위 (상위 %)	154번째 (총 381개)	105번째 (총 381개)	38번째 (총 165개)	29번째 (총 165개)
	40.14%	27.55%	23.03%	17.58%

자료: 한국은행(산업연관표, 고용표) 자료를 바탕으로 작성

(2) 변이할당분석

- (정의) 변이할당분석은 일정한 두 시점 사이 지역의 경제성장이 지역 산업구조와 밀접한 상관관계를 가진다는 가정 하에, 지역 성장요인을 분석하는 방법임
- (산업성장 구성 요소) 변이할당분석은 지역 산업성장의 요인을 국가성장효과, 산업구조효과, 지역할당효과의 세 가지로 구분함
  - (① 국가성장효과) 국가 전체의 경제 성장이 지역경제 성장에 미치는 효과를 의미함
  - (② 산업구조효과) 국가 차원의 특정 산업구조와 순성장률이 해당 지역 산업 성장에 미치는 효과를 나타냄
  - (③ 지역할당효과) 지역 고유의 생산적 환경과 입지적 여건(경쟁력)에 따른 성장 효과를 의미함

⇒ 총 지역 산업성장효과는 위 세 가지 효과의 합으로 이루어지며, 다음 관계식으로 표현할 수 있음

수식 3-1 전체 지역산업성장(총 변화효과) 산출식

지역의 순성장 = 국가성장효과(V_{ij0} × G) + 산업구조효과(V_{ij0} × (G_i - G)) + 지역할당효과(V_{ij0} × (G_{ij} - G_i))

V_{ij0}: 기준연도 i 지역 j 산업 고용자 수(또는 사업체 수)
G: 기준연도 대비 비교연도 전국 i 산업 고용자 수(또는 사업체 수) 증가율
G_i: *i* 지역/산업 고용자 수(또는 사업체 수) 증가율
G_{ij}: i 지역 j 산업 고용자 수(또는 사업체 수) 증가율

출처: 주미진(2023), 경기도 4차 산업의 특화도 및 동태적 변이할당 분석

- **(변이할당분석 결과 해석)** 산업구조효과와 지역할당효과의 부호를 통해 지역 산업 특성을 파악할 수 있음(주미진, 2023)
  - ① 산업구조효과(+), 지역할당효과(+)인 경우, 산업구조와 지역 여건이 모두 우수한 지역으로 볼 수 있음
  - ② 산업구조효과(+), 지역할당효과(-)인 경우, 해당 지역의 산업구조는 양호하나 지역경쟁력이 상대적으로 낮다는 것을 의미함
  - ③ 산업구조효과(-), 지역할당효과(+)인 경우, 산업구조는 약하지만 지역 경쟁력이 우수한 지역임을 나타냄
  - ④ 산업구조효과(-), 지역할당효과(-)인 경우, 산업구조와 지역경쟁력이 모두 낮은 지역으로 해석할 수 있음

표 3-4 변이할당분석 해석

구분	산업구조효과	지역할당효과	결과 해석
Case 1	+	+	• 산업구조, 지역여건 모두 우수
Case 2	+	–	• 산업구조에 비해 지역경쟁력이 낮음
Case 3	–	+	• 산업구조는 약하지만, 지역의 경쟁력 우수
Case 4	–	–	• 산업구조, 지역경쟁력 모두 부진

출처: 주미진(2023), 경기도 4차 산업의 특화도 및 동태적 변이할당 분석

3.2 실제 개발사업의 경제적 기여

1) 주요 개발사업 현장 사례

• (삼성동 글로벌비즈니스센터(GBC)) 현대차그룹은 서울 강남구 삼성동 구 한국전력 부지(79,342㎡)에 업무시설, 숙박시설, 전시장, 공연장 등을 포함한 글로벌 비즈니스센터(GBC) 복합개발 프로젝트를 추진 중임

- (경제적 파급효과) 2030년까지 해당 프로젝트의 경제적 파급효과 추산 결과는 아래와 같음(서울시, 2015.10.15.)

표 3-5 삼성동 글로벌비즈니스콤플렉스(GBC) 경제적 파급효과

누적투자	고용창출	고용유발효과	생산유발효과	세수증가
19.5조 원	5.6만 명	122만 명	265조 원	1.5조 원

• (스타필드 광주) 신세계프라퍼티는 어등산 관광단지 일원 41.7만㎡ 부지에 총사업비 1.3조 원을 투입하여 대규모 '체류형 쇼핑 테마파크' 복합개발사업을 추진 중임

- (경제적 파급효과) 추산된 스타필드 광주의 경제적 파급효과는 아래와 같음(연합뉴스, 2024.12.22.)

표 3-6 스타필드 광주 경제적 파급효과

직접고용	고용유발효과	생산유발효과	부가가치유발효과
4천 명	3.6만 명	15.5조 원(운영기간 25년간)	7.25조 원(운영기간 25년간)

그림 3-3 주요 개발사업 경제적 기여 사례

삼성동 글로벌비즈니스콤플렉스(GBC)	광주광역시 어등산 관광단지 스타필드

출처: 서울특별시청	출처: 광주광역시청

2) 개발사업의 지역경제에 미치는 효과

- 이상 살펴본 경제적 파급효과 이외에도, 부동산개발사업은 인근 지역 공시지가 상승, 지방세수 증가 등 지역사회에 다양한 유형의 긍정적 효과를 유발함
  - 스타필드 하남 개발사례에서 하남시는 대형 쇼핑몰 유치를 통해 외부 유동인구 유입과 고용 창출을 달성하였으며, 개발사업과 공익사업의 영향으로 재정자립도 또한 꾸준히 개선됨(이규태 외, 2018)
- 국가·지자체 재정사업의 경우, 사업추진 여부를 판단하기 위해 사업 타당성 검토를 시행하고 있으며 이 과정에서 지역경제 파급효과 분석이 포함됨
  - 서울시는 산업연관분석을 활용하여 경제적 파급효과를 산출하고, 이를 토대로 재정사업의 타당성 검토를 실시함(서울연구원, 2024)
  - 국가 직접시행 사업, 민간투자사업 등 정부 재정지원이 포함된 사업은 「예비타당성조사 운용지침」에 따라, 예비 타당성 조사 시 지역균형발전 분석 항목의 일환으로 지역경제 파급효과를 평가하도록 규정되어 있음
- 저성장·지방소멸 시대를 맞아, 지역 활력을 회복하고 긍정적 외부효과를 창출하기 위해 민간 부동산개발사업의 활성화가 필요한 시점임

- 경제학적 관점에서 지역에 긍정적 파급효과를 제공하는 개발사업에는 보조금이나 인센티브를 제공하는 것이 바람직하나, 현재 국가·지자체는 여전히 부정적 외부효과 완화를 위한 부담금 및 공공기여 부과에만 집중하고 있음
- 지역사회 활력 회복을 위해, 부동산개발사업에 대한 관점을 전환하고, 경제적 기여 역시 개발사업이 공공에 환원하는 하나의 사회적 공공기여로 인식할 필요가 있음

종합적 이해와 제도적 시사점

- 이상 제1부 부동산개발사업의 공공기여에서는 단순 조세 부담을 넘어 광의의 공공환원 구조로 작동하는 민간개발사업 측면의 다양한 법적·제도적 공공기여를 살펴보았으며, 그 결과를 종합하면 다음의 그림과 같음

그림 1 민간개발사업 측면에서의 광의의 공공기여 종합

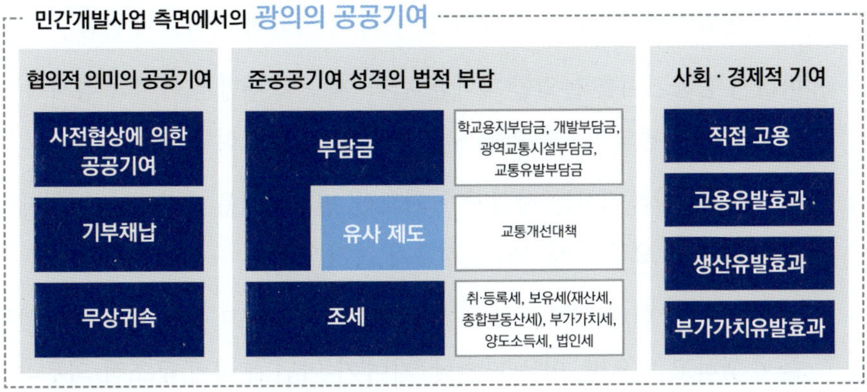

- 민간개발사업 전 단계에 걸쳐 발생하는 각종 부담항목은 제도 간 연계 없이 분절적으로 부과되고 있어 사전 예측이 어렵고 중복에 따른 누적 부담을 초래함

- 기부채납, 각종 부담금 등은 형식상 법적 의무 또는 사전협상에 따른 협의 사항으로 구분되나, 실질적으로는 공공자원의 귀속을 전제로 한 인허가 전제조건처럼 작용하여 사실상 조세에 준하는 수준의 부담을 유발함
- 전통적 조세 체계도 과세 요건별로 구분되어 있으나 실제 사업 진행 과정에서는 누적적·중첩적으로 부과되는 구조를 보이며, 특히 기부채납된 공공시설에 대한 부가가치세 과세는 동일한 개발이익에 대한 반복적 환수 문제로 이어짐
- 계획단계에서의 기반시설 기부채납 요구, 인허가 단계에서의 각종 부담금 부과, 완료 후의 개발부담금, 교통유발부담금, 그 외 사업이익에 대한 법인세까지 연속적으로 부과되는 구조임

- 즉, 민간개발사업에서 말하는 공공기여는 본래 공공 인프라 확보 및 개발이익의 적정 환수를 위한 제도적 장치로 도입되었으나, 제도 간 연계 부족과 누적 적용 구조로 실질적 사업부담으로 전이되는 실정임
  - 그러나, 대규모 복합개발사업은 이러한 부담 외에도 지역 내 소비 촉진, 고용 창출, 세제 확대 등 긍정적 효과를 발생시켜 침체지역의 활력 회복 및 균형발전에 기여하는 등 다양한 경제적·사회적 기여를 수반함
  - 따라서 공공기여를 논의할 때에는 법적·제도적 부담뿐 아니라 경제적 기여 효과까지 광의의 공공환원 구조 속에서 함께 고려할 필요가 있음

- 다만, 현실의 담론에서는 사업자가 과도한 민간이익을 취득한다는 전제에서 추가적 부담 요구가 제기되는 경우가 적지 않음
  - 그러나, 이미 현행 체계 속에서 사업자는 다층적이고 반복적인 재정 의무를 수행하고 있으며, 이는 단순한 '기여'가 아닌 누적된 구조적 의무라는 점에서 개발사업자의 책임을 충분히 수행하고 있다고 볼 수 있음

- 이에 제2부에서는 개발사업 전반에 걸쳐 발생하는 광의의 공공기여 항목들을 통합적으로 구조화하고 실제 사업에 적용 시 나타나는 부담 규모와 성격, 그리고 사업자의 체감 인식을 함께 짚어보고자 함

- 이러한 논의를 통해 공공기여가 단순한 제도적 장치에 머무르지 않고, 현실 속에서 어떤 방식으로 작동하며 또 어떠한 과제를 남기고 있는지를 보다 입체적으로 이해할 수 있음

PART 2

현장에서 나타나는 공공기여

Ⅳ. 사업자가 경험하는 공공기여

Ⅴ. 공공기여, 계속되는 과제

Ⅳ 사업자가 경험하는 공공기여

4.1 실제 개발사업에서 부담하는 공공기여

1) 현장에서 체감하는 다양한 부담

(1) 공공과 민간의 사전협의로 진행된 사업

① 서울역 북부 역세권개발사업

- 서울역 북측 철도 유휴부지를 활용한 대규모 복합개발로, 사전협상제도를 통해 총 3,384억 원 규모의 공공기여를 확보한 대표적인 중심지 재생사업임
  - 대상지는 오랜 기간 도심 내 슬럼화와 단절의 상징으로 방치되어 온 서울시 중구 봉래동2가 일대의 저이용 철도용지(약 31,242㎡)로, 사업논의가 시작된 2008년 이후 16년 만에 착공하여 2029년 준공을 목표로 공사가 본격 추진 중임
  - 사전협상을 통해 철도시설을 폐지하고 제3종 일반주거지역에서 일반상업지역으로 용도지역을 변경하여 고밀복합개발의 기반을 마련함
  - 개발계획은 최고 39층 규모(연면적 약 34만㎡, 5개 동)의 국제 컨벤션, 호텔, 업무, 판매시설, 오피스텔 등이 포함된 복합문화시설로 구성되며, 서울 도심권의 대규모 MICE(회의·관광·컨벤션·전시) 산업 핵심 거점으로 조성될 예정임

- 사전협상을 통해 확보된 총 3,332억 원의 공공기여는 현물 689억 원과 현금 2,695억 원으로 구성되며, 철도 지하화 및 복합환승센터 설치, 서울역 주변 기반시설 확충, 장기 미집행 시설 정비, 노후·소외지역 개선 등 시민 편의 증진 및 공익 달성을 위해 다각적으로 활용될 계획임
- 특히, 현금 기부채납의 일부는 공공시설이 부족한 암사역사공원 조성사업 등 타 지역에도 배분될 수 있도록 계획되어 계획이득이 서울시 전체의 공공성 강화에 기여하는 선례가 될 것으로 기대됨

그림 4-1 서울역 북부역세권 개발사업

(기존) 서울역 북부역세권 개발사업부지

⇒

(예정) 서울역 북부역세권

② 전방·일방부지 개발사업

- 광주광역시는 옛 전남방직·일신방직 공장 부지를 대규모 복합개발지 '챔피언스시티'로 조성하기 위해 토지가치 상승분의 약 54.45%(총 5,899억 원)를 사전협상제도를 통한 공공기여로 확보함
  - 기존 일반공업지역이었던 부지를 일반상업지역, 준주거지역, 제2종 일반주거지역, 자연녹지지역 등으로 용도지역 변경함으로써 발생한 토지가치 상승분은 약 1조 835억 원으로 평가되었으며, 그중 5,899억 원(54.45%)이 공공기여로 결정됨
  - 공공기여는 현물(문화시설·공공시설 등) 2,899억 원과 현금 3,000억 원으로 구성되며, 기반시설, 사업시설, 전략시설 항목별로 차등 산정되는

것으로 사전협상이 마무리되어 2025년 10월 착공을 앞두고 있음

- 챔피언스시티는 주상복합(4,315세대)과 업무시설, 특급호텔, 역사공원, 백화점(더현대 광주) 등을 포함한 도심형 복합단지로 조성되며, 특히 단지 중심에 어반 코어 개념이 적용된 보행 중심 동선이 설계되어 도보만으로 시설을 모두 이용할 수 있는 자족형 구조를 갖출 계획임

그림 4-2 광주 전방·일방부지 개발사업

(구) 전방·일방부지 개발사업

⇒

(예정) 챔피언스시티

③ 한진CY부지 개발사업

- 부산광역시가 사전협상제도를 도입한 이후 최초로 공공기여를 실현한 공공기여협상 1호 사례로, 준공업지역에서 일반상업지역으로 용도지역을 변경하고 총 2,362억 원을 공공기여 형태로 부산시에 환원함
  - 대상지는 해운대구 재송동 소재의 옛 한진 컨테이너 야적장 부지(54,480㎡)로, 물류 기능이 이전된 이후 장기간 방치되어있는 도심 내 대규모 유휴부지의 특성상 도시환경 저해 요인으로 지적되며 도시계획적 재편이 요구되어옴
  - 이에 한진CY부지에는 아파트 6개 동(총 2,076세대)와 업무시설 1개 동을 포함하는 대규모 주거·업무 복합단지가 조성될 예정이며, 개발계획을 바탕으로 용도지역 상향을 요청하면서 사전협상제도를 통해 적극적인 공공기여를 유도함

- 협상 과정에서 단순 기반시설 제공을 넘어 지역경제 활성화와 청년층 미래 성장기반 마련을 위한 방향성을 설정하여, 청년 창업기업의 입주 및 육성이 가능한 창업지원시설인 '유니콘타워(1,700억 원 상당)'의 건립·기부채납과 662억 원 규모의 현금납부를 포함한 총 2,362억 원 규모의 공공기여를 확정함
- 해당 사업은 2021년 부산시 도시건축공동위원회 심의를 통과하여 부산시 사전협상제도의 성공적인 첫 사례로 기록되었으며, 2030년 부산의 새로운 주거 및 경제 활력 거점으로의 역할을 수행하는 '르엘 리버파크 센텀' 아파트단지로 재탄생할 것으로 기대됨

그림 4-3 부산 한진CY부지 개발사업

(구) 한진CY부지 개발사업

⇒

(예정) 르엘 리버파크 센텀

④ 서울승합차고지 개발사업

- 해당 사업은 서울시 사전협상제도가 운영된 이후 지가상승분의 약 97%에 해당하는 496억 원을 공공에 환원한 서울시 공공기여 1호 성과로 평가되며, 2020년 '고덕 센트럴 푸르지오' 주상복합아파트로 준공됨
  - 대상지는 1983년부터 버스 차고지로 이용되다 2002년 인근 강동 공영차고지로 기능이 이전되면서 활용이 중단된 15,900㎡ 규모의 부지임
  - 주변이 모두 주거단지인 역세권이었으나, 장기간 용도변경이 어려워 방치되어 대형버스 주차, 타이어 적치, 노후 펜스 방치, 쓰레기 투기 등의 민

원이 지속되었음

- 2011년 말 사전협상 완료 후 2012년 도시건축공동위원회를 통과하였으나, 경기침체 등 여건 변화로 수년간 사업이 지연됨
- 이후 2017년 부지 용도를 공공업무시설에서 준주거로 변경하는 세부개발계획이 수정 가결되면서 사업이 재개됨
- 2012년 최초로 도시계획변경 사전협상제도를 활용하여 지구단위계획안이 통과된 이후, 2020년 준공까지 약 10여 년 정도의 사업 기간이 소요됨
- 공공기여로 전체부지의 43%에 해당하는 청년창업센터(연면적 11,400㎡)와 문화·체육시설(연면적 6,370㎡)을 조성해 기부채납 하였으며, 총 규모는 약 496억 원에 달해 계획이득 대부분을 공공에 환원한 대표 사례로 평가됨

그림 4-4 서울승합차고지 개발사업

(구) 서울승합차고지 개발사업

⇒

(현) 고덕 센트럴 푸르지오

⑤ 옛 부산외대 부지

- 부산시 사전협상제도를 통한 4번째 공공기여 협상 사례로, 장기간 방치된 대학 이전 부지를 활용해 아파트 2,458세대와 다수의 공공시설을 포함하는 복합개발로 추진됨

- 2014년 부산외대가 금정구로 이전하며 남겨진 옛 우암동 부지는 애초 한국토지주택공사(LH)와의 공공개발 계획이 수립되어 있었으나, 협상 결렬로 무산되어 2021년 민간에 매각됨
- 부산시는 공공개발의 차질을 보완하기 위해 해당 부지를 사전협상 지구단위계획 대상지로 지정하여 공공성 강화 방안을 논의함
- 협상 지연으로 이전부지는 10년간 방치되어왔으나, 2024년 협상 타결을 거쳐 2025년 10월 본격 개발에 착수할 예정임
- 개발계획에는 아파트 12개 동(2,458세대) 외 문화시설, 감만2동 행정복지센터, 전략산업용지, 공원·주차장 등 다양한 공공시설이 포함되며, 모든 공공시설은 현물 공공기여 방식으로 제공됨
- 사업은 2030년 준공을 목표로 추진되고 있으며, 부산 원도심의 생활환경 개선 및 지역 활성화에 기여할 것으로 기대됨

그림 4-5 옛 부산외대 부지 개발사업

(현) 옛 부산외대 부지

⇒

(예정)

⑥ 현장 종합

- 사전협상제도를 통해 공공과 민간이 협의하여 공공기여를 이행한 다섯 개 사업(서울역북부역세권, 전방·일방부지, 한진CY부지, 서울승합차고지, 옛 부산외대 부지)을 종합하여, 아래의 표와 같이 정리함

표 4-1 사전협상에 의한 공공기여 대표 사례 종합

구분		서울역북부역세권 개발사업	챔피언스시티 (구) 전방·일방부지	르엘 리버파크 센텀 (구) 한진CY부지	고덕 센트럴 푸르지오 (구) 서울승합차고지	옛 부산외대 부지 개발사업
개발주체		㈜서울역북부역세권개발(한화그룹)	휴먼스홀딩스PFV(신영·우미)	백송홀딩스	대원플러스개발	우암PFV개발(제일건설 등)
위치		서울특별시 중구 봉래동	광주광역시 북구 임동	부산광역시 해운대구 재송동	서울특별시 강동구 고덕동	부산광역시 남구 우암동
대상지			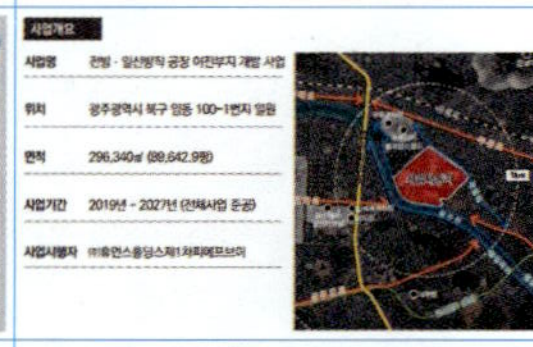		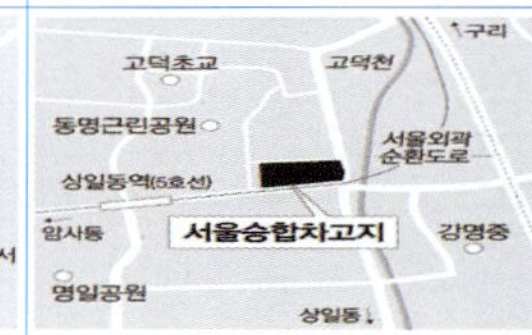	
부지면적		31,242㎡	296,340㎡	54,480㎡	15,900㎡	132,403㎡
사전협상		철도폐지,3종일반 → 일반상업	일반공업 → 일반상업, 준주거, 2종일반, 자연녹지	준공업 → 일반상업	정류장 폐지, 2종일반 → 준주거	학교폐지, 2종일반, 자연녹지 → 준주거, 자연녹지
개발계획		업무시설, 숙박시설, 판매시설, 오피스텔 등	주상복합(4,328세대), 업무시설, 복합 커뮤니티센터, 랜드마크타워, 복합쇼핑몰, 호텔 등	아파트 6개동(2,076세대), 업무시설 1개동	주상복합 4개동 (아파트 656세대, 오피스텔 127실)	아파트 12개동(2,458세대), 체육시설, 공원, 문화시설 등
공공기여	총액	3,384억원	5,899억원	2,362억원	496억원	1,316억원 (종후 3,161억원-종전 1,912억원)
	구성	구역 내 현물 689억원, 현금 2,695억원	구역 내 현물 2,899억원, 현금 3,000억원	구역 내 현물(유니콘타워) 1,700억원, 현금 662억원	청년창업센터, 문화체육시설 등 (전체 부지면적의 43%)	법·기준상 구역 내 현물 1,249원, 법·기준 외 구역 내 현물 67억원
조감도						
비고		2029년 준공 예정	2025년 10월 착공예정	2030년 준공 예정 (부산시 공공기여 1호 사업)	2020년 준공 (서울시 공공기여 1호 성과)	2025년 10월 착공, 2030년 완공 예정(부산시 공공기여 4호 사업)
토지비*		약 5,300억 (코레일 → 한화 소유권 이전)	7,285억	2,380억	1,231억(분양수익 5,069억, 시공비 1,874억)	미공개 (입찰 당시 예정가 1,030억)

* 감사보고서상의 취득가액 기준

(2) 기부채납이 이행된 사업 현장

① 서교 역세권 청년주택 개발사업

- 해당 부지는 과거 건설사 홍보관으로 활용되었으나, 이후 2017년 역세권 청년주택 공급촉진지구로 지정·고시되어 공공·기업형 임대주택(973세대)인 '서교 효성 해링턴타워'로 개발됨
  - 2015년 마포지구 지구단위계획상 관광숙박시설 건립이 계획되어 있었으나, 이후 청년주택사업으로 전환됨
  - 『서울시 역세권 청년주택 건립 및 운영기준』 및 『공공시설 등 기부채납 용적률 인센티브 운영기준』에 따라 공연장 및 공공업무시설(1,075.8㎡)을 기부채납함에 따라 제2종 일반주거지역에서 일반상업지역으로 용도지역 상향 및 용적률 인센티브를 적용받음

그림 4-6 서교 역세권 청년주택 개발사업

(구) 자이갤러리

⇒

(현) 서교 해링턴타워

② 수표 도시정비형 재개발사업

- 서울특별시 중구 을지로3가역 일대 10,336㎡ 규모의 도시정비형 재개발이 진행 중이며, 업무시설 공급이 계획되어 있음
  - 2020년 사업계획인가 고시 이후 사업시행자는 도로 및 공공임대산업시설 부지 등 정비기반시설 설치와 일부 현금납부를 기부채납 방식으로 부담함에 따라 완화된 상한 용적률 142%를 적용함

그림 4-7 수표 도시정비형 재개발사업

현재('25.7월)		조감도
	⇒	

③ 개포주공8단지 재건축사업

- 공무원연금공단 소유의 임대아파트 부지를 현대건설 컨소시엄이 매입하여 역세권 장기전세주택 도입 및 시설 기부채납을 통해 용적률 인센티브를 적용한 재건축 사례임
  - 총면적 73,447㎡의 제3종 일반주거지역 부지(기본 용적률 250%)에 장기전세주택(209세대) 공급 및 공공청사(2,597.4㎡ 규모) 기부채납을 통해 용적률을 337%까지 완화하여 1,975세대(지하 4층~지상 35층, 총 18개 동)의 아파트를 공급함

그림 4-8 개포주공8단지 재건축사업

(구) 개포주공8단지		(현) 디에이치자이 개포
	⇒	

④ 기부채납 현장 종합

- 기부채납 이행을 통해 용도지역 상향 또는 용적률 인센티브 등이 적용된 세 개 사업(서교 역세권 청년주택, 수표 도시정비형 재개발, 개포주공8단지)을 종합하면 다음의 표와 같음

표 4-2 기부채납 주요사례

사업명	서교 효성 해링턴타워 (구)서교 역세권 청년주택 개발사업	수표 도시정비형 재개발사업	디에이치자이 개포 (구)개포주공8단지 재건축사업
개발 주체	멀티에셋합정역 청년주택전문 투자형사모투자, ㈜효성	㈜트윈웍스피에프브이	현대건설 컨소시엄
위치	서울시 마포구 서교동	서울시 중구 입정동	서울시 강남구 개포동
대상지			
개발 유형	역세권 청년주택 공급 촉진지구 지정을 통한 임대주택 공급	도시정비형 재개발사업을 통한 업무시설 공급	주택재건축사업
개발 규모	공공임대주택 798세대, 기업형 임대주택 175세대	연면적 115,731㎡(지상 24층) 업무시설 등	공동주택 1,975세대
구역 면적	6,735.9㎡	12,3166㎡	73,447㎡
기부채납 유형	공연장(서교스퀘어), 공공업무시설	도로, 공공임대산업시설 부지	공원, 연결녹지, 도로, 기부채납환산부지 등
기부채납 개요	『서울시 역세권 청년주택 건립 및 운영기준』에 따 라 용도지역 상향, 용적률 인센티브 적용	『도시정비법』에 따라 정비기반시설(공공시설) 설치를 통한 용적률 인센티브 적용	『역세권 장기전세주택 건립관련 지구단위계획 수립 및 운영기준』에 따 라 용적률 인센티브 적용

사업명		서교 효성 해링턴타워 (구)서교 역세권 청년주택 개발사업	수표 도시정비형 재개발사업	디에이치자이 개포 (구)개포주공8단지 재건축사업
기부채납	규모	• 연면적 4,502.1㎡, 기부채납 면적 1,075.79㎡ • 순부담 비율 15.97%	• 정비기반시설 2753.7㎡ (도로 345.9㎡, 공공임대산업 시설 부지 1,634.6㎡) • 순부담 비율 17.83%	• 공원 · 연결녹지 · 도로 8,849㎡ • 공공청사 등 시설기부채납 환산부지 2,597.4㎡ • 순부담 7,348.8㎡
	인센티브	제2종 일반주거 → 일반상업	기준+허용 용적률 600% 상한용적률 142%	용적률 280% → 337%
시설사진				

출처: 서울특별시 지구단위계획 고시

(3) 무상귀속을 둘러싼 갈등

- 무상양도·무상귀속은 법령상 강행규정임에도 불구하고, 실무에서는 기부채납과 혼용되면서 행정적 혼선과 법적 분쟁을 야기해 온 제도임
  - 사업자·조합·지자체 간 이해관계가 상충하면서 단순 시설 귀속의 문제가 아닌 다층적 갈등으로 확산되는 양상을 보임
- 2008년 12월 대법원은 "용적률 완화를 받았더라도 용도 폐지 정비기반시설의 무상양도는 배제할 수 없다"고 판시하며, 무상양도가 기속력 있는 강행규정임을 명확히 함
  - 판례(대법원 2007두14312)에서 서울시는 사업시행자가 설치한 정비기반시설을 기부채납 방식으로 이전받고 용적률 인센티브를 부여했으나, 기존시설의 유상매각을 둘러싼 분쟁이 발생함

- 대법원은 조합의 무상양도 요구를 인용하며, 무상귀속 시 무상양도를 하는 것이 아닌 무상귀속과 무상양도가 별개로 이루어져야 하는 사안으로 판시함

「사업시행인가처분일부취소」

[대법원 2008. 12. 11. 선고 2007두14312 판결]

【원고】 방배서리풀재건축주택조합

【피고】 서울특별시 서초구청장

【판시사항】

행정청이 사업시행자 사이에 사업시행자가 정비기반시설 설치에 대한 보상으로 용적률 제한의 완화와 같은 다른 이익을 얻는 대신 도시 및 주거환경정비법 제65조 제2항 후단 규정을 적용하지 않기로 합의하고 그에 따라 실제 다른 이익을 얻은 경우, 위 규정의 적용을 배제할 수 있는지 여부(소극)

【판결요지】

도시 및 주거환경정비법 제65조 제2항 후단규정의 입법 취지 및 법적 성격, 행정의 법률유보원칙과 행정법관계의 명확성원칙 등을 종합적으로 고려해 보면, **행정청과 사업시행자 사이**에 사업시행자가 정비기반시설을 설치하는 것에 대한 보상으로 **용적률 제한의 완화와 같은 다른 이익을 얻는 대신** 위 법조항 **후단규정을 적용하지 않기로 하는 합의**를 하였고 그에 따라 실제 사업시행자가 다른 이익을 얻었다 하더라도, **그러한 사정만으로 위 후단 규정의 적용을 배제할 수는 없다.**

- 대법원 판례에도 불구하고 서울시는 기존 정비기반시설을 유상으로 매각할 수 있도록 하는 자체 업무처리 기준을 유지하였으며, 나아가 부당이득금 반환 소송을 방지하기 위해 제소 전화해 결정을 법원으로부터 받아내는 방식까지 병행함
- 이후 2017년 감사원은 『수도권 도시 재개발·재건축 등 정비사업 추진실태』 특정감사를 통해 서울시의 업무처리 기준에 대한 부적정 판정을 내림
  - 감사원은 조합이 기부채납을 통해 용적률 인센티브를 받고도, 별도로 기존 기반시설 무상양도를 인정받는 구조를 이중 혜택으로 규정함

- 이에 따라 서울시에 업무처리 기준 변경을 요구하였으며, 강동·서초·강남구 등 자치구에는 기존 사업장의 무상양도·용적률 적용을 재검토하도록 통보함

- 이러한 과정은 무상양도와 무상귀속이 단순 법률 조항에 그치지 않고, 판례·행정운영·감사제도가 교차하는 지점에서 끊임없이 재해석되는 제도임을 보여줌

(4) 제도 밖의 또 다른 요구, 교통개선대책

- 공공기여, 부담금은 사업시행자의 부과 근거가 법상 명확하나, 교통개선대책은 명확한 산정 근거가 없이 민간개발사업자에게 부과하고 있음
  - 교통영향평가와 교통개선대책은 사실상 공공기여적 성격을 가지며, 개발사업 과정에서 추가적인 비용부담 항목으로 기능하고 있음
  - 이러한 제도적 근거하에 실제 사업시행자가 사업구역 외부 교통 인프라 개선에 기여한 사례로 '동두천시 어울림센터 건설사업'이 있음

※ 해당 사례는 민간개발사업의 교통개선대책 자료가 통상 공개되지 않아, 지자체 주도 개발사례로 대체한 것임

그림 4-9 동두천시 어울림센터 사업지

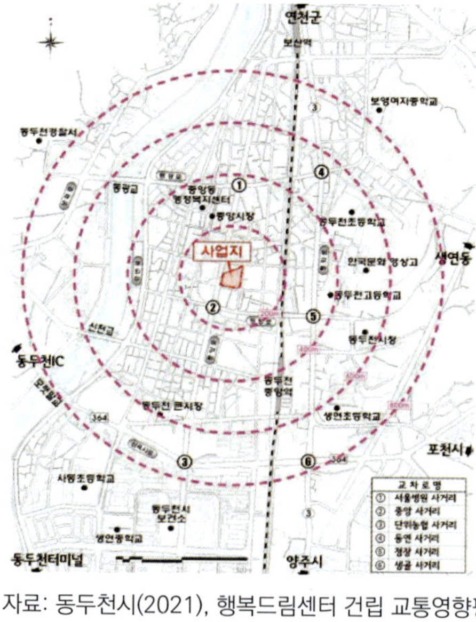

자료: 동두천시(2021), 행복드림센터 건립 교통영향평가 보고서

- 동두천시 일대 4,567㎡ 부지에 노유자시설, 업무시설, 운동 시설 등 다양한 시설을 건립하는 사업으로, 국비·도비·시비를 합쳐 총 316억이 투입되며, 지자체 주도로 진행됨
  - 해당 사업으로 인해 발생할 교통량이 직접적인 영향을 미칠 것으로 예상되는 주변 교차로와 인접 도로를 중심으로 교통영향평가 및 교통개선대책 수립이 진행되었으며, 총 6개의 교차로를 공간적 범위로 설정함
  - 사업시행자는 지역의 교통흐름 최적화, 연계 보행통로 설치, 자전거보관소 마련 등 다양한 교통개선대책을 마련하여 주변 교통환경이 원활히 유지되도록 계획함

표 4-3 동두천시 어울림센터 교통개선대책 종합개선안 및 종합개선안도

구분	문제점	개선방안	부담
주변 가로 및 교차로	• 사업 시행에 따른 주변 가로 및 교차로 영향 검토	• 사업지 인근 분석 대상교차로 신호 최적화 방안 제시(5개소)	사업 시행자
진출입 동선	• 주변 현황 여건을 고려한 진·출입 동선체계 구축	• 사업지 진·출입 동선체계 수립 – 진입구(1개소), 진출구(1개소) 분리 운영 • 사업지 진·출입구 각각 회전반경 확보 (R=6.0m 이상)	사업 시행자
대중 교통 및 보행	• 보행 편의 증진을 위한 보행공간 확보 및 사업지 내·외부 보행 동선체계 수립 필요 • 사업지 내 자전거보관소 설치 필요 여부 검토	• 사업지 서측 버스정류장 연계 보행통로 확보 • 사업부지 내·외부 보행 동선 확보 – 사업지 내부 보행광장 및 보행통로 조성 – 보행 동선 단절지점 횡단보도 신설 : 3개소 • 사업지 내 자전거보관소 설치(1개소) – 거치대 20대분, 계획 주차대수의 15.2% 확보 – 자전거보관소 이용안내 표지판 및 도난 경고문 표지 설치	사업 시행자
주차	• 법정 기준에 따른 주차계획 수립 필요 • 주차장 내 적정 교통안전 시설물 설치 필요	• 본 사업지 이용 차량을 위한 적정 주차계획 수립 – 법정 주차: 55대 – 주차 수요: 108대(2026년) – 계획 주차: 132대 (100% 자주식, 법정대비 240.0%, 수요대비 122.0%) • 일반주차 73대 • 장애인 주차 6대(법정주차 대비 4.5%) • 확장형 주차 40대(계획주차 대비 30.3%) • 어린이 차량 승하차 공간(드롭존) 설치(2대, 주차대수 미포함) • 주차장 출입구 주차안내 표지판 설치: 1개소	사업 시행자

구분	문제점	개선방안	부담
교통 안전 및 기타	• 차량 진·출입에 따른 안전대책 강구	• 교통안전 시설물 설치 - 차량 진출부 차량경고등 설치: 4개소 (지상1개소,지하3개소) - 운전자 시야확보 위한 반사경 설치: 7개소 (지상1개소,지하6개소) - 횡단보도 설치: 3개소 • 사업지 주변 교통안전 표지판 설치: 5개소 • 무단횡단 방지를 위한 보행자 안전펜스 설치 (L=30m) • 차량 진·출입구 교차지점 암적색 유색 포장 (2개소) • 어린이 차량 승하차 공간(드롭존) 바닥에 사괴석 포장 설치	사업 시행자

2) 공공기여, 총 얼마를 부담하는 걸까?

- 앞에서는 공공기여의 다양한 유형별 사례를 중심으로 살펴보았으며, 이제 한 걸음 더 들어가 실제 사업에서 사업자가 부담하는 항목을 종합적으로 확인하고, 공공기여의 실질적 범위를 드러내고자 함
- 따라서 앞서 살펴본 사례 중 서울역북부역세권 개발사업, 광주 챔피언스시티(전방·일방부지 개발사업), 부산 르엘 리버파크 센텀(한진CY부지 개발사업)을 선정하여, 실제 사업자가 부담한 공공기여를 구체적으로 짚어보고자 함
  - 여기서 다루는 공공기여는 이 책에서 다루어 온 광의의 공공기여로서, 사전협상에 의한 공공기여에 한정하지 않고 각종 부담금과 세금, 교통개선대책 비용까지 종합적으로 검토함
- 이 과정을 통해 공공기여가 지닌 실질적 범위와 무게감을 함께 이해하고, 결국 "사업자는 얼마만큼을 부담하고 있는가?"라는 질문에 대한 답을 제시하고자 함

(1) 사업장별 개요

① 서울역 북부역세권 개발사업

- 서울역 북부역세권 개발사업은 토지 매입 이후 장기간 논의가 이어지다 약 5년 만에 본격 착공 단계에 들어선 약 3.1조 원 규모의 대규모 복합개발 프로젝트임
  - 사업대상지는 철도 유휴부지로 오랫동안 도심 내 단절 공간으로 남아 있었으나, 지목변경(철도용지→대)과 용도지역 변경(3종 일반주거→일반상업)을 통해 고밀 복합개발이 가능해짐
  - 특히, 철도시설이 도시계획시설에서 해제되면서 상업·업무 기능이 결합된 대규모 개발의 제도적 기반이 마련됨
- 이러한 도시계획 변화는 사업비 구조와 더불어 사업자가 부담해야 할 공공기여 항목에도 직접적인 영향을 미침
  - 부담금만 보더라도 광역교통시설부담금, 과밀부담금, 하수도원인자부담금 등 다양한 항목이 적용될 예정이며, 지목변경을 수반한 만큼 개발부담금*이 부과될 것으로 보임

    * 다만, 개발부담금은 준공 후 납부되는 구조로 현 단계에서 구체적 규모를 확정하기 어려운 상황임
  - 조세 측면에서 취득세는 토지 매입 과정에서 일부 확정되었으나, 보유세와 법인세, 부가가치세 등은 사업 운영 및 수익 구조에 따라 달라질 수 있어 현재로서는 추정치 수준에 머물러있으므로 예측 불가능성이 큰 부담 요인으로 작용함
  - 한편, 사회·경제적 측면에서는 인구 파급효과가 기존 대비 약 8% 증가한 5,600여 명으로 추산되며, 이로 인해 교통 혼잡, 생활 SOC 수요 확대 등이 불가피하게 뒤따름
  - 따라서 보행통로, 주민편의시설, 공원 등 기반시설 조성이 함께 병행되고 있으며, 이는 단순 인프라 보강을 넘어 도심 생활환경 개선과 공공성 강화로 이어지는 중요한 성과로 평가됨

표 4-4 서울역 북부역세권 개발사업 개요

구분	세부 내용
총사업비	3.1조 원
토지비 비중	18.5%
사업 일정	토지매입('20.4) – 인허가·건축허가('24.9) – 착공('24.11)
지목 변경	철도용지 ⇒ 대지
용도지역 변경	제3종 일반주거지역 ⇒ 일반상업지역
도시계획시설 폐지	철도 폐지
각종 부담금	과밀부담금, 광역교통시설부담금, 하수도원인자부담금, 개발부담금(미정)
조세	취등록세, 보유세(추정), 법인세(추정)
사회·경제적 기여	용도별 면적 변경으로 인구 파급효과 총 5,663명 (기존 대비 약 8% 증가)
기타	–

※ 총사업비는 건축비, 금융비, 토지비, 기타(공공기여 등) 등을 포함한 금액

② 광주 챔피언스시티: 전방·일방부지 개발사업

- 광주 챔피언스시티 개발사업은 옛 전남방직·일신방직 부지를 활용해 약 29.8만㎡ 규모의 도심 산업 유휴지를 복합용지로 전환하는 대규모 개발사업으로, 총사업비는 약 4.1조 원에 달함
  - 사업대상지는 기존 공장용지·잡종지 등으로 사용되던 땅이었으나, 지목을 대지로 변경하고 용도지역을 일반공업지역에서 일반상업·준주거·2종 일반주거·자연녹지지역으로 전환하면서 고밀 복합개발이 가능해짐
  - 사전협상대상지 선정('20.4)부터 착공('25.11)까지 약 5년의 기간이 소요되었으며, 현재 일부 구역은 프로젝트 파이낸싱(PF)으로 약 1.2조 원 규모의 자금을 조달하는 등 사업이 본격화 단계에 진입함
- 사업자가 부담해야 할 공공기여 항목도 다양하게 나타남에 따라, 공공기여

부담이 수분양자와 시민에 전가될 우려도 제기되고 있음

- 부담금 항목으로는 광역교통시설부담금, 상·하수도 원인자부담금, 학교용지분담금 등이 대표적이며, 지목변경을 수반한 만큼 개발부담금도 추후 납부 대상에 포함될 가능성이 있음
- 조세 측면에서는 토지의 취득세와 보유세가 이미 발생하였고, 법인세 등은 사업 운영 및 수익 구조에 따라 달라질 수 있어 불확실성이 존재함
- 이 외에도 지자체가 요구하는 현물 형태의 기부채납이 추가로 계획되어 있어, 제도적 부담 외 별도의 공공기여가 수반될 예정임
- 한편, 개발과정에서 약 3천여 명의 고용유발효과와 4,763억 원 규모의 경제적 파급효과(생산유발 3,393억 원, 부가가치유발 1,370억 원)가 추정되어 지역 상권 활성화에 기여할 것으로 전망됨
- 다만, 일부 언론에서는 고분양가 우려를 제기하며 향후 사업 수익 구조가 조세 및 공공기여 부담 전가로 이어질 가능성을 지적하기도 함(땅집고, 2025.8.13.)

표 4-5 광주 챔피언스시티(전방·일방부지 개발사업) 개요

구분	세부 내용
총사업비	4.1조 원
토지비 비중	17.7%
사업 일정	사전협상대상지 선정('20.4) – 인허가('25.6) – 착공('25.11)
지목 변경	공장용지·잡종지 등 ⇒ 대지
용도지역 변경	일반공업지역 ⇒ 일반상업·준주거·제2종 일반주거·자연녹지지역
도시계획시설 폐지	–
각종 부담금	광역교통시설부담금, 상하수도 원인자부담금, 학교용지분담금, 개발부담금(미정)
조세	취등록세, 보유세, 법인세(미정)

구분	세부 내용
사회·경제적 기여	고용유발효과 3천 명, 경제적 파급효과 4,763억 원 (생산유발 3,393억 원, 부가가치유발 1,370억 원)
기타	추가 기부채납(현물) 납부

※ 총사업비는 건축비, 금융비, 토지비, 기타(공공기여 등) 등을 포함한 금액

③ 부산 르엘 리버파크 센텀: 한전CY부지 개발사업

- 부산 르엘 리버파크 센텀 개발사업은 옛 한진 컨테이너 야적장 부지를 활용한 복합 주거·업무 개발사업으로 사전협상 방식으로 진행 중이며, 총 2.5조 원 수준의 사업 규모로 계획됨
  - 당초 창고용지로 활용되던 곳이었으나 지목변경을 거쳐 대지로 전환되었으며, 용도지역도 준공업지역에서 일반상업지역으로 상향되어 고밀 개발이 가능해짐
  - 2017년 8월 토지 매입 이후 약 7년간 미착공 상태가 이어졌으나 1조 원 규모의 본PF 조달에 성공하면서 사업이 본격화되었고, 이 과정에서 시공사 롯데건설이 브릿지론 만기마다 직면했던 우발채무 리스크도 일부 완화됨(딜사이트, 2024.9.10.)
- 사업자가 부담해야 할 공공기여 항목은 다양하며, 여기에 지자체가 별도로 요구하는 현물·현금 형태의 추가 기부채납이 예정되어 있어 최종적인 광의의 공공기여 규모는 제도상 항목을 넘어 상당한 수준에 이를 것으로 예상됨
  - 부담금 항목으로는 광역교통시설부담금, 학교용지분담금, 상하수도 원인자부담금 등이 있으며, 전력부담금, 도시가스설비부담금, 교통유발부담금, 개발부담금 등이 추가로 부과될 예정임
  - 조세 측면에서는 토지 취득 과정에서 발생하는 취득세가 비교적 명확히 산출 가능한 반면, 보유세·법인세 등은 사업 진행 과정에서 변동 가능성이 높아 예측의 불확실성이 크게 나타남

- 사회·경제적 효과로는 약 1.6만 명의 취업유발효과와 3.7조 원 규모의 생산·부가가치효과가 추정되어 지역경제 활성화에 크게 기여할 것으로 기대됨
- 한편, 이러한 긍정적 효과와 별개로 지자체가 요구하는 현물·현금 형태의 추가 기부채납도 예정되어 있어 법·제도상의 의무를 넘어서는 공공기여가 수반될 것으로 전망됨

표 4-6 부산 르엘 리버파크 센텀(한진CY부지 개발사업) 개요

구분	세부 내용
총사업비	2.5조 원
토지비	15.2%
사업 일정	토지매입('17.8) – 사전협상대상지 선정('18.8) – 주택건설사업계획 승인('23.2) – 착공('24.9)
지목 변경	창고용지 ⇒ 대지
용도지역 변경	준공업지역 ⇒ 일반상업지역
도시계획시설 폐지	–
각종 부담금	광역교통시설부담금, 학교용지분담금, 상하수도 원인자부담금, 전력부담금(미정), 도시가스시설부담금(미정), 교통유발부담금(미정), 개발부담금(미정)
조세	취등록세(추정), 보유세(미정), 법인세(미정)
사회·경제적 기여	취업유발효과 1.6만 명, 경제적 파급효과 3.7조 원
기타	추가 기부채납(현물·현금) 납부

※ 총사업비는 건축비, 금융비, 토지비, 기타(공공기여 등) 등을 포함한 금액

(2) 숫자로 보는 부담의 크기

- 앞서 살펴본 세 사업장을 중심으로, 사전협상에 의한 공공기여, 각종 부담금(단, 개발부담금 제외), 교통개선대책비용, 조세, 법제도 외 기여 등 다양한 항목을 종합하여 사업자가 실제로 부담하는 광의의 공공기여 규모를 들여다보고자 함
  - 규모 산출은 자료 확보가 가능한 항목을 중심으로 진행하여, 사업장별 포함 내역에 일부 차이가 있을 수 있음
  - 광의의 공공기여 규모를 총사업비 대비 비중으로 제시하여, 사업자가 체감하는 부담의 정도와 공공기여의 실질적 의미를 직관적으로 이해하고자 함
- 세 사업장에서 사업자가 부담하는 광의의 공공기여는 총사업비의 약 13~21%를 차지하며, 이는 사업자가 단순 개발비용을 넘어 민간 주체가 사회적·공공적 책임도 일부 수행하고 있음을 보여줌
  - 광의의 공공기여에서 가장 큰 비중을 차지하는 것은 민관 협의 과정에서 이미 확정된 사전협상에 의한 공공기여로, 총사업비의 약 10~15%(서울 10.9%, 광주 14.3%, 부산 9.6%)에 달하는 높은 수준을 보임
  - 세 사업장 모두 준공 전 단계로 부담금은 확정된 일부 항목만 반영되어 서울 2.1%, 광주 1.4%, 부산 1.8%로 2% 내외 수준으로 확인되며, 지목변경에 의한 개발부담금 납부가 예정되어 추후 부담금 비중의 큰 변화가 예상됨
  - 교통영향평가에 따른 교통개선대책 비용은 광주 0.7%, 부산 0.1% 수준으로, 비록 정식 부담금 항목은 아니나 단일 항목으로는 상당한 추가 비용으로 작용하고 있음
  - 조세 부담 역시 적지 않아 서울은 6%로 가장 높고, 광주는 취득세·보유세만으로 2.6%, 부산은 토지 취득세만으로도 0.7%를 차지하며, 향후 부가가치세 등 추가 세금 납부 시 그 비중은 더욱 확대될 것으로 예상됨

- 특히 광주와 부산에서는 법·제도적 공공기여와 별도로 지자체가 요구하는 현물·현금 기부채납이 병행되고 있는 점이 두드러지며, 광주는 1.8%, 부산은 2.1% 수준의 통상적인 부담금 항목에 준하는 추가 기여가 발생함

- 흥미로운 점은 이러한 다양한 항목을 모두 고려하였을 때, 민간이 실제로 떠안는 부담의 규모가 일반적인 개발사업의 수익 구조를 넘어선다는 데 있음
  - 일반적으로 개발계획 수립단계에서 사업 시행이익을 총사업비의 10% 내외, 높게 잡아도 15% 이하로 산정한다는 점을 감안하면, 현재 산출된 광의의 공공기여는 사업자가 얻는 수익을 상회하는 수준임
  - 즉, 민간 주체가 실제 부담하는 공공기여는 단순 비용 항목을 넘어 사실상 사업 수익의 상당 부분을 차지하고 있으며, 이는 민간이 공공의 역할을 적극적으로 분담하고 있음을 보여주는 대목이라 평가할 수 있음
  - 특히 토지비 대비 최대 118%까지 공공기여 비중이 높게 나타나고 있어 향후 들어올 공공기여를 기반으로 마중물 역할의 수행이 가능하도록 TIF(조세 담보금융)와 유사한 '공공기여 담보금융'과 같은 새로운 금융적 접근방식을 검토할 여지가 있음

그림 4-7 사업장별 총사업비 대비 광의의 공공기여 비중

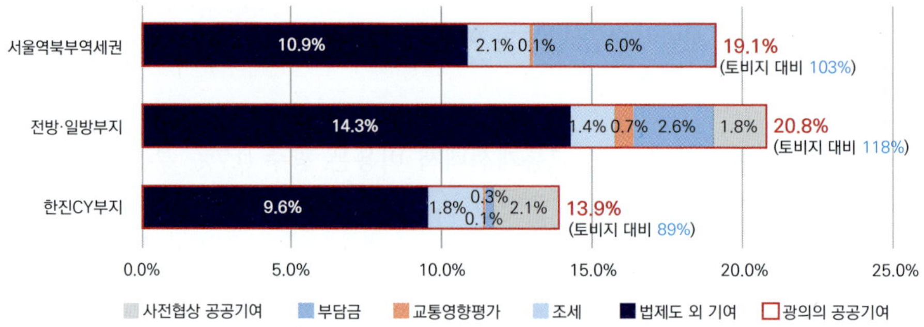

표 4-7 사업장별 총사업비 대비 광의의 공공기여 비중

구분	서울역 북부역세권 개발사업	광주 챔피언스 시티 (전방·일방부지)	부산 르엘 리버파크 센텀(한진CY부지)
광의의 공공기여	19.1%	20.8%	13.9%
① 사전협상 공공기여	10.9%	14.3%	9.6%
② 부담금	2.1%	1.4%	1.8%
③ 교통개선대책	0.1%	0.7%	0.1%
④ 조세	6.0%	2.6%	0.3%
⑤ 법제도 외 기여	-	1.8%	2.1%

※ 총 부담 비중은 각 개발사업장의 총사업비 대비 광의의 공공기여 비중을 산출한 것임

주: 본 수치는 개별 사업과 관련해 확인 가능한 자료를 토대로 산정한 참고용 개략치로 사업장별 세부 포함 내역에 차이가 있으며(특히, 부담금 및 조세), 실제 준공 시점의 최종 부담액은 증가할 수 있음.

4.2 사업자가 생각하는 공공기여

- 이제 민간사업자의 공공기여에 대한 인식을 살펴보기 위해, 서울특별시, 광주광역시, 부산광역시를 대표하는 세 사업장을 대상으로 실무 담당자와의 상세 자문을 진행함
  - 자문대상 사업장은 서울역 북부역세권 개발사업(한화), 부산 한진CY부지 개발사업(백송홀딩스), 광주 전방·일방부지 개발사업(신영)으로 모두 도시계획 변경을 수반한 대표적인 사전협상 사례임
  - 세 사업장은 모두 지구단위계획 변경을 위한 사전협상을 완료하였으며, 공공기여 외 별도의 기부채납과 부담금을 이미 납부했거나 납부할 예정이므로, 광의의 공공기여를 폭넓게 이해하는 중요한 참고가 됨

- 실무 담당자와의 자문 과정에서는 공통 질문과 응답을 정리함으로써, 사업자가 체감하는 공공기여의 실질적 부담과 그 정책적 의미를 보다 입체적으로 확인함

표 4-8 상세 자문회의 대상

르엘 리버파크 센텀 (구) 한진CY부지	서울역북부역세권 개발사업	챔피언스시티 (구) 전방·일방부지
백송홀딩스	㈜서울역북부역세권개발 (한화그룹)	휴먼스홀딩스PFV (신영·우미)

1) 사전협상 과정에서 사업자가 느낀 공공기여

- 사업자들은 사전협상 과정에서 상당한 부담을 느끼고 있으며, 일부 비용은 불가피하게 분양가에 전가될 수밖에 없다고 언급함
  - 지자체별 토지가치 상승분 산정기준이 상이해 사업 예측이 어려우며, 현금 납부 시점에 대한 명시적 규정이 없어 지자체의 행정 편의에 따라 시점이 결정되는 경우가 많음
  - 따라서 현금 납부 시점을 분양 이전으로 앞당기는 경우가 공통적으로 발생하였으며, 이는 추가적인 재무 부담으로 이어짐
  - 실제 이행 단계에서는 시와 체결한 협약과 별개로 여러 기관 간 의견 조율이 필요해 사업 지연이 발생하기도 함

질문 ① 사전협상에서 결정된 공공기여의 총 규모와 적정성은 어떻게 보시나요?

신영

"저희 광주 전방·일방 부지의 경우, 공공기여 총액은 약 5,899억 원 수준이고, 현금 3,000억 원, 현물 2,899억 원 정도입니다. 지자체마다 토지 가치 상승분 산정 시점이 조금씩 달라서, 전체 사업비에서 약 10% 이상을 공공기여로 반영하게 될 것 같습니다. 물론 일부 부담은 분양가에 반영할 수밖에 없는 상황이기도 합니다."

한화

"서울역 북부역세권 사업에서는 총 3,384억 원 규모의 공공기여가 결정됐고, 이중 현금이 2,695억 원, 현물이 689억 원입니다."

백송

"부산은 토지가치 상승분의 100%에 맞춰 약 2,362억 원이 공공기여로 환수될 예정입니다. 이 역시 일부 비용은 분양가에 자연스럽게 반영될 수밖에 없는 상황입니다."

질문 ② 공공기여의 현금·현물 납부와 관련하여 어떤 이슈가 있나요?

신영

"저희는 도로, 공원, 다리, 건물 등을 직접 시공해 현물로 납부할 계획입니다. 현금은 사실상 공사비 부담이라고 볼 수 있어요. 착공 후 준공 전까지 분납이 가능하지만, 준공 후에는 연체이자가 부과될 수 있습니다. 하지만 구체적인 납부 시기와 방법을 담은 세부 지침은 미비한 상황입니다. 분양 전 현금 납부를 위해 브리지론 등을 활용하는데, 이 부분이 재무상 부담이 되는 건 사실입니다."

한화

"지자체에서는 현금 납부를 선호하는 편입니다. 사업자 입장에서는 이자 부담이 커지니 협상에서 조금 부담스러울 수 있어요. 특히 분양 수익이 발생하기 전 단계에서는 현금 납부 시점이 앞당겨지면 재무적인 부담이 증가할 수 있습니다."

백송

"저희는 유니콘 타워를 건설해 기부채납을 진행하고, 나머지 금액은 현금으로 분납할 예정입니다. 이미 착공 전부터 현금 일부를 납부하고 있습니다. 분양 전 현금 납부는 아무래도 부담이 되는 상황입니다."

질문 ③ 협상 과정에서 어려웠던 점은 무엇인가요?

신영

"공공기여 산정과 납부 시점이 지자체의 운영 흐름과 맞춰 진행되는 부분이 많아, 사업자가 예상하기 어려운 경우가 있었습니다. 또한, 관련 심의 과정에서 추가적인 기부채납 요구가 발생하기도 했습니다. 지자체별 토지 가치 산정기준 차이도 있어 사업자 입장에서는 예측 가능성이 떨어지는 상황입니다. 좀 더 명확한 가이드라인이 있으면 좋겠습니다."

한화

"사전협상 이후에 교통개선대책 비용과 관련해 산출 기준이 명확하지 않은 상태에서 일부 비용이 요구되기도 했습니다. 명확한 법적 근거와 산정기준이 마련되었으면 합니다."

백송

"협약은 시와 체결했지만, 실제 이행 단계에서는 구청·철도공단·교육청 등 여러 부처와 기관 간 조율이 필요한 상황입니다. 조율 과정에서 소통 지연으로 사업 일정에 영향을 주기도 합니다."

2) 지자체의 추가 기부채납 요구

- 세 사업장 모두 사전협상에 의한 공공기여 외의 추가 기부채납이 요구된 바 있음
  - 도로·다리 등의 점용료 및 장기간의 운영관리비, 기숙사 건립, 인근 공원 제공, 보행통로·주민편의시설·도로 확폭 등 다양한 법 기준 외 기부채납이 요구됨
  - 법 기준 외 기부채납을 추진하면서 지자체나 공사 등과의 협의가 지연되는 일이 빈번했으며, 추가 인센티브가 제공되지 않는 점은 공통적인 애로사항으로 나타남

질문 ① 사전협상에 의한 공공기여 이외에 추가 기부채납 요구가 있었나요?

신영

"사전협상으로 정한 공공기여 외에도, 몇몇 시설에 대해 추가 기부채납 요청이 있었어요. 예를 들어 도로나 다리 같은 시설은 이미 기부채납을 했는데, 시설의 점용료나 운영관리비 등 관리와 운영에 대해서도 조금씩 협조를 부탁받는 경우가 있었죠."

한화

"기부채납 시설을 관리하는 문제가 좀 복잡했어요. 지자체 산하기관들이 서로 책임을 넘기다 보니, 행정 절차가 지연되는 일이 종종 있었죠. 또, 기존부지 소유주인 코레일과 협의하면서 기숙사를 지어 기부채납해야 하고, 인근 공원도 공공기여시설로 계획하고 있어요. 이런 부분들이 겹치다 보니 신경 쓸 일이 많습니다."

백송

"부산은 법에서 정한 공공기여 기준 외에도 추가 요구가 꽤 있습니다. 지구단위계획 고시에도 '법 기준 외 공공기여'가 적혀있으니까요. 보행통로나 주민편의시설, 도로 확폭 같은 것들이 당초 계획보다 늘어나는 경우가 많아요. 당연히 이 과정에서 지자체나 공사 쪽과 의견을 맞추느라 일정이 조금 지연되기도 하고요. 이런 추가 공공기여에는 별도의 인센티브도 제공되지 않는 것이 현실입니다."

3) 준공 이후 별도 납부하는 개발부담금

- 세 사업장 모두 도시계획 변경과 함께 지목변경이 이루어져, 준공 이후 개발부담금 납부 의무가 발생함
- 사업자들은 공통적으로 실제 개발부담금 산정 시 공공기여 납부 금액이 얼마나 공제될 수 있을지 불확실하다며, 공공기여와 개발부담금이 사실상 이중과세처럼 작동할 수 있다는 우려를 표명함
  - 다만, 부산 사례에서는 공공기여 금액이 개발부담금 산정 시 공제 항목으로 인정되어 별도의 부담이 발생하지 않을 것으로 예상됨에 따라 향후 지자체별 행정 해석에 중요한 기준이 될 것으로 기대됨

질문 ① 용도지역 변경과 함께 지목변경이 수반되었나요?

신영

"원래는 공장·잡종지로 구성되어있었는데, 지금은 건축이 가능한 대지로 지목이 바뀌었습니다."

한화

"원래 도시계획시설로 지정된 철도용지였어요. 그런데 이번에 지목이 대지로 바뀌면서 상업·업무용 건축도 가능해졌습니다."

백송

"원래 준공업지역이었고, 지목은 창고용지였죠. 지금은 일반상업지역으로 변경하면서, 지목도 대지로 함께 바뀌었습니다."

질문 ② 공공기여 납부와 별개로 지목변경에 따른 개발부담금을 온전히 납부하시나요?

신영

"많은 사업자들은 공공기여와 개발부담금이 거의 이중과세처럼 느껴진다고 해요. 실제 산정방식이나 도입 취지도 비슷하고요. 제도상으로는 기부채납이나 공공기여 비용을 개발부담금에서 공제하도록 하고 있으나, 실제로 공제가 인정될지는 불확실합니다. 우리 사업장도 공제받기 위해 노력 중인데, 지자체는 공제 범위를 좀 축소하려는 경향이 있습니다."

한화

"철도용지 폐지와 지목변경이 동시에 진행되니 공공기여와 함께 개발부담금도 내야 할 가능성이 큽니다. 다만 아직 지자체에서 구체적으로 납부 요청이 온 건 아니어서, 불확실성이 큰 상황이에요."

백송

"사전협상으로 납부한 공공기여 금액이 개발부담금 산정에 반영되기 때문에 추가 부담금은 없을 것으로 보고 있어요. 지자체와 협의할 때도 실제로 '공제를 해 줄 것 같다'는 답변을 받았습니다. 다만, 부산에서 처음 공제가 인정된 케이스라 앞으로 다른 사례에 어떤 영향을 줄지는 조금 더 지켜봐야 할 것 같아요."

4) 근거 법령 없이 부담하는 교통개선대책

- 교통영향평가 과정에서 지자체가 다리 설치, 차선 확장, 진출입로 추가 등 교통개선대책을 요구하고 있으며, 사업자는 이를 기부채납과 유사한 성격의 추가 공사비로 인식하고 있음
  - 다만, 이러한 비용은 법적 근거가 부족하고, 용적률 완화 등 별도 인센티브가 제공되지 않아 일반적인 기부채납 범주에 포함시키기 어렵다는 점에서 사업자에게 부담으로 작용함
  - 특히 일부 지자체는 법령상 시설 설치로 대응 가능한 항목도 현금 납부로 관행화하고 있어, 준공 후 교통유발부담금 납부와 함께 중복부담으로 인식할 수 있다는 우려가 있음

질문 ① 교통영향평가에 따른 교통개선대책 비용부담은 어떤 성격으로 보시나요?

신영

"교통영향평가 심의 과정에서 지자체가 다리 설치나 차선 확장, 진출입로 추가 같은 요구를 해요. 저희 입장에서는 기부채납과 비슷한 성격으로 보지만, 사실상 순수 공사비로 보는 게 맞습니다. 다만 용적률 완화나 다른 인센티브가 없어서, 일반적인 기부채납 범주에 넣기에는 애매한 부담이죠. 법적인 근거가 없고 지자체가 임의로 산정하다 보니, 부담이 더 크게 느껴집니다."

한화

"교통영향평가에서 지자체가 법적 근거 없이 현금 납부를 요구하는 경우가 많아요. 법령상으로는 신호등 설치나 횡단보도 등으로 대응할 수 있지만, 실제로는 현금 납부가 관행처럼 돼 버렸죠. 게다가 준공 후에는 교통유발부담금도 납부해야 해서, 중복부담이라는 생각이 들 때도 있습니다. 또 교통개선대책 비용은 다른 부담금에서 공제받을 방법이 없어, 자연스럽게 추가 부담으로 느껴집니다."

백송

"부산도 비슷합니다. 도로 확폭이나 차로 재조정 같은 요구가 있었고, 저희는 지자체 요구에 맞춰 현물로 납부할 계획입니다."

5) 사업자가 생각하는 개발사업의 지역경제 파급효과

- 민간개발을 통해 지자체는 인프라 비용부담을 줄이는 동시에 지방세수를 확대할 수 있고, 인근 부동산 가치 상승과 지역 건설사·용역사 등 관련 산업에 직접적 이익이 돌아갈 것으로 전망되어 긍정적 영향이 매우 크다고 평가함
  - 또한, 상업·업무·주거 복합개발은 상주인구와 유입 인구 모두를 증가시키고, 백화점 입점 등 상업시설 확충을 통해 지역상권과 유동인구 활성화를 촉진할 전망임

질문 ① 이번 개발사업, 지역 경제에 실제로 어떤 영향을 줄 거라고 보시나요?

신영

"챔피언스시티 개발사업은 최대 수혜자가 광주광역시라고 할 정도로 지역 경제에 수익이 대부분 환원되는 구조입니다. 지자체 입장에서는 인프라 부담을 민간에 맡기면서 세수 확보 등 추가 수입도 얻고요. 특히 인근 땅값 상승 덕분에 지방세수 확대 효과도 클 것으로 보입니다. 백화점 입점 등 상업시설 확충으로 유동인구와 상주인구도 모두 늘어나겠죠. 게다가 심의 과정에서 지역 건설사, 용역사 등이 직·간접적으로 수혜를 보면서 지역경제 활성화에도 기여합니다. 실제로 지역 경제에 주는 영향은 큰데, 디벨로퍼와 개발사업의 순기능에 대한 긍정적 인식은 조금 부족한 게 아쉽습니다."

한화

"서울 도심 핵심부라 대규모 개발 효과가 꽤 클 것으로 기대하고 있습니다. 공원이나 도로 같은 공공인프라 확충 효과도 상당하고요. 주거·상업·업무가 복합으로 개발되면서 상주인구와 유입 인구도 함께 늘어날 거라고 봅니다."

백송

"부산에서 첫 사전협상 사업이다 보니 주목도가 높았어요. 7년간 인허가 과정에서 지역사회, 시민단체, 언론까지 관심이 집중됐죠. 지역 내 정치적·경제적 파급효과도 상당할 것으로 보고 있습니다. 주민편의시설, 도로, 공원 설치 등을 통해 지역사회 인프라 개선에도 기여할 거고요. 이런 점들을 보면, 개발사업이 도시에 활력을 불어넣는다는 인식을 더 널리 알릴 필요가 있다고 생각합니다."

6) 사업자가 체감한 사업추진 기간과 주요 지연요인

- 세 사업장은 사전협상부터 지구단위계획 고시, 착공까지 최소 5년에서 길게는 7년 이상 소요되었으며, 주요 지연요인으로는 ▲ 시·구청 및 관계기관 간 협의 지연 ▲ 환경·교육 등 개별 영향평가 과정에서의 추가 조건 부과 ▲ 지자체 담당자 교체로 인한 행정 연속성 부재 등이 지적됨
  - 특히, 광주와 부산 사례에서는 추가 평가·심의 요구와 다수 기관 간 이견 조정으로 인한 지연이 두드러졌으며, 서울 사례 역시 심의 단계에서 계획 변경과 협의 지연으로 착공까지 약 5년이 소요됨

질문 ① 인허가·협의 등을 포함한 사업추진기간은 얼마나 걸렸나요? 그리고 추진 과정에서 지연이 발생한 주요 요인이 무엇이었는지도 궁금합니다.

신영

"토지를 매매한 후 잔금 납입까지 2년이 걸렸고, 임차인 명도까지 2년이 추가로 소요됐어요. 도시계획변경 사전협상 대상지로 선정된 건 2020년 4월이고, 사전협상은 2023년 12월에 완료되었습니다. 지구단위계획 결정 및 고시까지는 약 4년이 걸렸고요. 현재 환경영향평가, 교육영향평가 등 각종 평가와 심의가 끝난 상태예요. 더현대 광주 부지는 2025년 착공예정이고, 2027년에 준공 및 개점할 계획입니다. 사업 지연의 주요 원인으로는 시와 구, 사업자 간 협의 지연과 개별 영향평가 과정에서의 추가적인 요구 등이었습니다."

한화

"토지를 매입한 뒤 2020년 4월부터 사전협상을 시작했어요. 협상 자체는 1년 정도 걸렸지만, 이후 심의 과정에서 계획 변경이 생기면서 추가 기간이 필요했죠. 그래서 실제 착공은 2024년 12월부터 시작했습니다. 사전협상부터 착공까지 약 5년이 걸린 셈이고, 최종 준공은 2029년 6월로 예상하고 있습니다. 주요 지연 요인으로는 관련 기관 간의 협의 지연 등이었습니다."

백송

"부산 1호 사전협상 대상지로 선정된 건 2018년이었고, 이후 2022년 10월 지구단위계획 결정이 고시되었으며 공공기여 이행 협약도 체결했어요. 인허가와 사전협상 절차만 7년 이상 걸린 셈입니다. 이후 2024년 9월 착공신고, 2025년 7월 분양, 2030년 5월 준공 예정입니다. 사업 지연 요인은 부산시와 사전협상 체결 이후 실제 이행 단계에서 구청, 철도공단, 교육청 등 여러 기관과의 추가 협의, 지자체 담당자 변경 등 행정 연속성 부재가 빈번하게 발생한 점이 컸습니다."

- 사업자는 사전협상 이후에도 사업추진 과정에서 평가·심의 단계의 인허가권자인 지자체로부터 추가적인 기부채납이나 교통개선대책을 요구받으며, 이에 현금·현물을 제공하고 있는 것으로 나타남
  - 이러한 개발사업은 단순히 시설물 설치나 현금 납부에 따른 인프라 및 도시환경 개선을 넘어, 지가 상승에 따른 지방세수 확대, 지역 건설사 및 용역사의 매출 증가 등 다층적인 승수효과로 이어질 것으로 기대됨
- 다만, 시·자치구·공공기관 간 소통이 원활하지 않아 협의 과정이 지연되거나, 그로 인해 기부채납 이행 비용(공사비 부담 등)이 증가하는 등 사업자들이 체감하는 애로사항도 함께 확인됨
- 개발사업 과정에서 광의의 공공기여는 단일 사업자가 부담하고 있으나, 소관 부처가 시·구청, 공공기관 등 다양해 전체 부담 규모 파악이 어려운 실정으로 나타났음
  - 사업자와 소관 부처 간 원활한 협의를 도출하고 사업자의 과도한 부담을 방지하기 위해, 광의의 공공기여 전반을 통합 관리하는 시스템 마련이 필요함

V 공공기여, 계속되는 과제

5.1 제도 안에서의 과제

- 민간개발사업 과정에서 공공기여는 언제나 핵심적인 쟁점으로, 제도적 장치는 마련되어 있으나 실제 현장에서는 법과 행정 사이, 행정과 사업자 사이의 간극으로 인해 경계가 불분명하고 기준이 일관되지 않는 등의 문제가 발생함
- 이러한 불확실성은 사업자에게는 예측 불가능한 리스크로, 행정에는 갈등과 조정의 부담으로 작용하므로, 반복적으로 부각되는 주요 이슈들을 진단하고 이를 체계적으로 조망할 필요가 있음

1) 사전협상에 의한 공공기여

- 사전협상제도는 본래 공공과 민간이 협의를 통해 상호 이익을 찾는다는 취지에서 출발하였으나, 실제로는 '공공이 요구하고 민간이 수용하는 구조'로 운용되는 경우가 다수 보고됨
- 이처럼 제도의 이상과 현실 사이에는 간극이 존재하며, 그 과정에서 공공기여와 관련된 여러 쟁점이 반복적으로 드러남

- 이는 특정 원인 하나에서 비롯된 것이 아니라, 법적 근거의 불명확성, 제도 설계의 미비, 행정 해석의 차이 등이 복합적으로 작용한 결과임
- 대표적으로 ▲ 용도지역 세분 변경에 대한 공공기여 부과 법적 근거 문제 ▲ 공공기여금 활용 범위의 제도적 한계 ▲ 공공시설 설치비 산정의 일관성 부족 등이 주요 이슈로 지적됨

• (용도지역 세분변경) 법상 용도지역 변경에 따른 공공기여는 명확히 인정되나, 동일 용도지역 내 세분변경의 경우 조례 및 행정지침에 의존하고 있어 제도운영의 일관성과 예측 가능성 확보를 위한 근거 법령의 정비 필요성이 제기됨

- 현행 국토계획법은 용도지역 간 변경에 대해서만 공공기여 부과를 인정하며, 종 상향과 같은 세분변경은 관련 조례나 지구단위계획지침 등에 근거하여 현금 기부채납을 제외한 형태로 공공기여가 이루어짐
- 즉, 세분변경에 대해서도 일정 부분 제도적 근거가 존재하나, 지자체별 해석과 적용 기준이 상이하다는 점에서 적용의 형평성과 법적 명확성 확보 측면에서 근거 법령 마련이 필요하다는 지적이 제기됨

• (공공기여금 활용 범위) 과거 지구단위계획구역 내로 제한되던 공공기여금의 활용 범위를 2021년 이후 특·광역시 전체로 확대하였으나, 인접 기초지자체 간 연계 활용에 대해 여전히 제도적 장치가 미비*하여 보완 요구가 제기됨

* 다만, 서울시의 경우 7:3의 비율로 현금 배분이 이루어지고 있음

• (공공시설 설치비 기준) 공공시설 설치비 산정기준은 지자체 조례에 포괄위임되어 있어 지자체별 편차와 자의적 산정의 우려가 큼

- 일부 지자체에서는 토지가치 상승분 대부분을 공공기여로 환수하는 방식으로 운영하여 재정 보충 수단으로 전용된다는 비판도 제기됨

- 이에 따라 조례 위임이 아닌 법령 차원에서 공공시설 설치 및 비용 납부 상한을 일률적으로 규정해야 한다는 요구가 확산되고 있음

- 현재 이러한 논점을 반영하여 국토계획법 개정안 3건이 국회 국토교통위원회에 상정되어 있으나('25.7월 기준), 모두 계류 중인 상태임

표 5-1 사전협상 공공기여 관련 주요 논의 사항

구분	용도지역 세분변경	공공기여금 활용 범위	공공시설 설치비 기준
발의자	안태준의원 발의안	맹성규의원 발의안	문진석의원 발의안
제안일	'24.9.4	'24.9.25	'24.11.6
의안번호	2203614	2204286	2205319
제안 이유	• 현행법상 용도지역 간 변경만 공공기여 대상 • 동일 계열 내 세분변경 (1종주거→2종주거) 제외	• 공공기여금 사용범위 '21년 이후 '지구단위 계획구역 내 → 특·광역시 전체'로 확대 • 인접 기초지자체와의 연계 여전히 부재	• 공공시설 설치비 산정 기준 지자체 조례 포괄 위임 • 설치비 산정기준 자의적 적용 문제 발생 ⇒ 민·관 갈등 심화
주요 내용	• 세분변경 공공기여 대상 포함	• 공공기여금 사용범위 인접 지자체까지 확대	• 공공시설 설치·비용 납부 상한 지가상승분 50% 명시
국토부 의견	• 세분변경 시 이익 환수 필요성 동의	• 공공기여 광역 활용 필요성 동의 • 지구단위계획에 협의 내용 명시 필요	• 예측 가능성과 신속성 확보에 긍정적 • 단, 일률적 상한 적용은 탄력적 대응에 제약
진행 상황	• 국토교통위원회 상정, 계류 중	• 국토교통위원회 상정, 계류 중	• 국토교통위원회 상정, 계류 중

2) 기부채납

- 기부채납 제도는 지자체와 사업자 간 협의를 통해 시설·토지 등을 무상 이전받아 공공성과 균형발전을 확보하는 장치로 역할하고 있으나, 실무적으로 여러 쟁점이 제기됨
  - 그중에서도 ▲ 무상귀속과의 혼용 문제, ▲ 사업자 간 형평성 문제가 대표적인 문제로 논의됨
- (무상귀속과의 혼용) 기부채납과 무상귀속은 서로 유사한 것처럼 보여 혼용되고 있으나, 실제로는 법적 성격, 물권변동 방식, 인센티브 구조 등 본질적인 차이가 존재함
  - (법적 근거) 무상귀속은 소유권 제한에 해당하므로 법률유보 원칙상 명문 규정이 필요한 반면, 기부채납은 행정청의 재량행위에 부관으로 부가되어 명시적 근거 없이 이루어지는 경우가 많음
  - (물권변동 방식) 무상귀속은 「민법」 제187조에 따른 법률 규정에 의한 물권변동으로 간주되나, 기부채납은 「민법」 제186조에 따른 당사자 간 계약에 의한 물권변동 대상이 됨
  - (인센티브 및 재량권) 기부채납은 국유재산법상 무상사용, 수의계약 등이 가능하고 도시계획 규정에 따른 추가용적률 등 인센티브 부여가 가능한 반면, 무상귀속은 국토계획법상 강행규정으로 본래 인센티브가 전제되지 않는 의무적 제도임
  - 다만, 공공시설 부지 제공을 근거로 용적률·건폐율 완화를 허용하는 경우(국토계획법 시행령 제46조 ①)가 있어 무상귀속과 혼동되는 사례가 있으나, 이때도 무상귀속분은 인센티브 산정에서 제외*되고 추가로 부담한 순부담분에 한해 인센티브 대상이 됨

    * 정비사업의 경우, 순부담은 '무상귀속 + 무상양도 + 기타 기부채납'으로 산정되므로, 무상귀속이 순부담 산정에서 일률적으로 제외되는 것은 아님

표 5-2 기부채납과 무상귀속의 구별

구분	기부채납	무상귀속
법적 성질	• 사법상 법률행위(부담부 증여계약) 또는 공법상 법률행위로 분류 • 상호 간의 동의와 합의가 전제 • 부관에 따른 사실상의 강제가 대부분이나 별도의 계약 체결 필요	• 법률 규정에 의한 물권변동/원시취득 • 입법 수용에 의한 소유권 박탈 행위 일방적 이전
대상	• 부동산, 각종 권리	• 시설 및 토지
인센티브	• 인센티브 부여 가능	• 인센티브 조건이 수반되지 않음
권리 이전 절차	• 채납에 필요한 서류를 받은 후 일정 기간 이후 권리이전 절차	• 준공검사를 받음과 동시에 귀속 간주
근거 법령	• 국유재산법, 공유재산 및 물품관리법	• 국토계획법 및 각종 개발 관련 법령

출처: 국토교통부(2013)

- (사업자 간 형평성) 기부채납의 협의·심의 과정에서 자의적 요소가 개입되면서 지자체별·사업자 간 부담비율의 차이가 발생하고 있으며, 이에 따라 형평성 문제가 꾸준히 제기되고 있음
  - (기본취지) 기부채납은 원인자 부담원칙에 따라 사업자가 기반시설 수요 증가분을 부담함으로써 도시환경과 공공성을 확보하는 것을 목적으로 함
  - (현실 문제) 그러나 실제로는 지자체별 기부채납 부담비율에 편차가 크고, 동일 조건의 사업자라도 협의 결과에 따라 상이한 부담을 지게 되는 사례가 발생하여 사업자 간 불공정성에 대한 지적이 나타나고 있음(국토교통부, 2013)

3) 무상귀속

- 무상귀속 제도는 강행규정으로, 충분한 보상 없이 소유권이 이전되는 경우가 많아 ▲ 재산권 침해 쟁점, ▲ 세제 부담 문제가 제기되고 있음
- (재산권 침해 쟁점) 개발행위허가를 받은 자가 설치한 공공시설이 국토계획법 또는 도시정비법에 따라 무상귀속되는 것에 대해 충분한 보상 없이 소유권이 이전되는 것은 재산권 침해에 해당한다는 위헌성 논의가 제기됨(박건우, 2024)
  - 개발행위허가를 받은 자가 기존 공공시설에 대체되는 공공시설을 설치하였을 경우 기존 공공시설을 무상양도 받을 가능성이 있으나, 다음의 경우 문제가 발생할 수 있음

① 기존 공공시설이 없는 상태에서 새로 공공시설을 설치하는 경우 무상양도 없이 시설이 무상귀속됨

② 개발행위허가를 받은 자가 행정청이 아닐 경우, 기존 폐지되는 공공시설의 무상양도는 행정청의 재량에 따라 결정됨(반드시 이행되지 않을 수 있음)

- (세제 부담 문제) 무상양도는 과세대상이며, 이때 강행규정 여부에 따라 세제 감면 적용 여부가 달라져 사업자의 세 부담이 구조적으로 과중되고 있음
  - (판례) 대법원은 용도 폐지된 기존 공공시설을 사업시행자에게 무상양도하는 경우 대가성이 없는 무상승계취득에 해당하여 취득세 과세대상이라고 판시하였고(대법원 2019.4.3. 선고 2017두66824), 헌법재판소 역시 무상양도 규정을 공공시설 설치에 따른 형평성 확보를 위한 시혜적 입법으로 보아 정당한 보상 개념과는 구별된다고 결정함(헌재 2015.3.26. 선고 2014헌바156)
  - (쟁점) 무상양도 관련 규정은 대부분 개발 법령상 행정청 재량으로 운영되어 취득세 비과세 또는 감면이 가능하나, 도시정비법 등 일부 강행규정이 적용되는 경우 세제 혜택 적용이 제한됨(김황규·박훈, 2023)

- 공공이 무상양도·귀속을 통해 실질적 이익을 취득함에도 불구하고, 현행 세법상 취득세를 부과하고 있어 공적 기여에 대한 세제 인센티브 부족 문제가 지속됨

4) 부담금

- 각종 부담금과 관련해서는 ▲ 학교용지부담금의 부담 주체 문제, ▲ 개발부담금과 공공기여의 유사성 문제, ▲ 부담금 정비(폐지·감면) 시행 문제가 대표적으로 논의되고 있음

- (학교용지부담금의 부담 주체) 헌법재판소는 2025년 3월 학교용지부담금을 수분양자에게 부과하는 것이 위헌이라고 판결하였으며, 이후 학교용지법을 개정하여 개발사업자에게 부과하도록 함
  - 재판부는 대규모 택지개발 시 학교용지 확보와 교육환경 개선을 목적으로 부과되는 학교용지부담금이 수분양자의 구체적 사정(취학 자녀 유무 등)을 고려하지 않고 일률적으로 부과되는 것은 차별에 해당하며, 수분양자 집단이 일반 국민과 구별되는 '집단적 동질성'을 갖추었다고 보기 어렵다고 판단함
  - 학교용지법 개정 이후, 2008년 헌법재판소는 개발사업자가 분양가격 상승이라는 경제적 이익을 얻는다는 점에서 개발사업자에 대한 학교용지부담금 부과가 합헌이라고 판결함
  - 다만, 개발사업자에게는 나타나는 이익(분양가격 상승)이 수분양자에게는 이익(재산가격 상승)으로 나타나지 않는다고 단정하기 어렵다는 지적이 있음(옥동석, 2020)

- (개발부담금과 공공기여의 유사성) 개발부담금과 공공기여는 모두 토지가치 상승분 일부를 환수한다는 점에서 산정방식이 유사하나, 정의·목적 및 법적 근거, 납부 방법 등 세부적으로 명확한 차이가 있음

- **(환수 대상)** 개발부담금은 개발이익의 환수를 목적으로 하는 반면, 공공기여는 우발적 계획이득을 환수 대상으로 함
- **(부과 대상)** 개발부담금은 특정 개발사업이나 지목 변경 전제의 사업에 부과되나, 공공기여는 대부분 해당 사업 유형과 일치하지 않고 지목 변경을 전제하지 않는 경우가 많음
- **(관련 논의)** 일부에서는 개발부담금 산정 시 공공기여·기부채납이 공제된다는 점에서 양자를 구분해야 한다는 의견이 있으며(황선훈, 2024), 국토연구원 보고서(2016, 2022)에서는 사전협상에 의한 공공기여와 개발부담금을 포괄하는 개발이익부담금으로의 제도개편 방안을 논의한 바 있음

표 5-3 개발부담금과 공공기여 비교

구분	개발부담금	사전협상에 의한 공공기여
정의	• 개발이익을 환수하여 토지 투기를 방지하고, 토지의 효율적 이용을 도모하기 위해 부과되는 금전적 부담	• 지구단위계획 결정 등으로 인한 토지 가치 상승 시 사업시행자가 공공시설 부지 및 시설을 제공하거나 그 설치 비용을 납부하는 제도
목적	• 개발이익의 공공환수를 통해 ▲ 토지 투기 방지, ▲ 토지이용 효율성 제고, ▲ 건전한 국민경제 발전에 기여함	• 계획이득의 사회적 환원을 통해 ▲ 개발 특혜 논란 해소, ▲ 도시 기반시설 확충, ▲ 지역균형 발전 촉진에 기여함
법적 성질 및 납부 방식	• 『부담금관리 기본법』에 따른 법정 부담금으로 금전 납부 방식	• 국토계획법 및 하위법령에 근거한 제도 • 지자체 재량에 따라 현물(부지·시설 등) 또는 현금으로 납부 가능
법적 근거	• 「개발이익 환수에 관한 법률」	• 국토계획법 제26조 및 제51조, 시행령 • 지자체 조례 및 지침 • 공공기여 가이드라인

구분	개발부담금	사전협상에 의한 공공기여
대상	• 지목 변경 수반 사업 • 택지개발사업, 산업단지개발, 관광단지조성, 도시개발, 지역개발, 도시환경정비 등	• 도시계획 변경에 따른 계획이득 발생 사업 • 지구단위계획 변경, 도시계획시설 폐지 등
산정방식	• 개발이익(종료시점지가-개시시점지가-정상지가상승분-개발비용) X 부담률(20~25%)	• 토지가치 상승분의 70% 이하
인센티브	-	• 용도지역 상향
권리이전 절차	-	• 협약 또는 계약 이행 시 이전
특징	• 이용자·원인자 부담금 • 수익자 부담금	• 민관 합의 기반 • 원인자·수익자 부담원칙 기반
비고	-	• 지자체별 기준 및 운영방식 상이

• (부담금 정비) '24.3월 정부는 『부담금 정비 및 관리체계 강화 방안』을 발표하고 부담금의 정당성 확보, 제도 간소화 등을 목표로 부담금 폐지·감면을 계획하였으나, 다수가 법 개정이 필요한 사안으로 당초 목표 대비 시행은 부진한 상황임

- (개발부담금) 한시적 감면을 위해 '24.9월 개발이익환수법 일부개정법률안이 발의되었으나, 현재('25.5월 기준) 국회에 계류 중임
- (학교용지부담금) 폐지를 위한 학교용지법 개정안('24.7월 발의)이 국회 교육위원회에 상정, 심사 과정에서 부과요율을 0.85%→0.4%로 인하하고 부과 대상 세대 기준을 100세대→300세대로 상향하는 방식으로 원안이 수정되어 '24.12월 공포·시행됨

표 5-4 「부담금 정비 및 관리체계 강화 방안」 내 부담금 폐지·감면 기준

폐지 기준	감면 기준
• 부담금관리기본법상 부담금 정의에 부합하지 않는 경우 • 부과 목적과 대상 간 관련성이 낮거나, 특별한 책임성이 인정되지 않는 경우 • 사회·경제적 여건 변화로 부과 필요성이 사라진 경우 • 부과실적이 없거나 미미하여 실효성이 낮은 경우	• 지출 대비 수입이 과도하게 많은 경우 • 사용 용도 외 유용사례가 발생하는 경우 • 정책적 목적(물가 안정 등)을 위해 감면이 필요한 경우

표 5-5 부담금 정비 대상 목록

부처	폐지(18개)	감면(14개)
기재부	• 연초경작지원 등의 사업을 위한 출연금	-
교육부	• **학교용지부담금**	-
외교부	• 출국납부금	• 국제교류기여금
행안부	• 지방자치단체 공공시설의 수익자 분담금	-
문체부	• 영화상영관 입장권 부과금 • 관광지등 지원시설 이용자 분담금 • 관광지등 지원시설 원인자 부담금	• 출국납부금
산업부	• 광물 수입부과금 및 판매부과금 • 집단에너지 공급시설 건설비용 부담금	• 전력산업기반기금 부담금 • 석유 및 석유대체연료의 수입·판매부과금 • 특정 물질 제조·수입 부담금
농식품부	-	• 농지보전부담금
환경부	• 수질개선부담금 • 수익자부담금(댐건설법)	• 폐기물부담금 • 환경개선부담금 • 폐기물처분부담금

부처	폐지(18개)	감면(14개)
고용부	–	• 장애인 고용부담금
국토부	• 원인자부담금 • 공공시설설치비용부담금 • 시설부담금(산업단지) • 시설부담금(물류단지)	• **개발부담금** • 자동차사고 피해지원사업 분담금
해수부	• 수산자원조성금 • 해양심층수이용부담금 • 운항관리자 비용부담금	• 방제분담금
산림청	–	• 대체산림자원조성비 및 분할납부이행 보증금

5) 조세

- 조세와 관련하여 발생하는 주요 이슈는 기부채납 시설과 관련되며, 특히 ▲ 기부채납 예정 건축물의 재산세 비과세 여부, ▲ 기부채납의 부가가치세 면세 문제가 대표적임
- (기부채납 예정 건축물의 재산세 비과세) 재산세 비과세 대상은 국가 소유 재산에 한정되므로, 준공·사용승인을 받았더라도 과세기준일 현재 기부채납이 실제 이행되지 않았다면 비과세 대상이 되지 않음
  - 기부채납은 증여계약 형태로 성립하며, 기부자가 소유권·사용권·수익권 등을 무상으로 지방자치단체에 양도함으로써 완성됨
  - 따라서, 건축물이 국가나 지자체에 기부채납될 예정이나, 아직 이전되지 않은 상태에서는 국가가 취득한 재산으로 보기 어려움

「기부채납 예정인 건축물에 대한 재산세 비과세 여부 질의 회신」

[부동산세제과-2016, 2020.9.22.]

- “기부채납은 기부자가 그의 소유재산을 국가 또는 지방자치단체의 공유재산으로 증여하는 의사표시를 하고 국가 등은 이를 승낙하는 채납의 의사표시를 함으로써 성립하는 증여계약이고, 증여계약의 주된 내용은 기부자가 그의 소유재산에 대하여 가지고 있는 소유권 즉 사용·수익권 및 처분권을 무상으로 지방자치단체에 양도하는 것”(대법원 1996.11.8. 선고 96다20581 판결 참조)이므로, 쟁점 건축물의 경우에도 국가 등이 원시취득하는 것이 아닌 ○○기술원의 소유로 된 후 국가 등에 이전된다고 보아야 할 것임

- 따라서 △△부 소유의 국유지에 신축된 쟁점 건축물이 상업목적이 아닌 ○○기술 및 산업발전에 필요한 연구시설로서 △△부의 승인을 받아 신축하였다 하더라도,

  - 이는 「국유재산법 시행규칙」 제19조에 따라 행정재산의 사용허가를 받은 자가 그 재산에 대하여 유지·보수 외의 추가적인 시설 설치를 위하여 소관 중앙관서의 승인을 받은 것으로, 준공 후 △△부로 기부채납하는 등의 승인조건이 있는 점에 있어서도 신축 승인을 근거로 △△부가 쟁점 건축물에 대한 사용·수익·처분권을 행사할 수 있는 지위에 있다고 보기는 어렵다고 판단되며,
  - **재산세 비과세 대상**은 국가의 **‘소유’ 재산**으로 **한정**하고 있으므로, 쟁점 건축물에 대하여 준공 및 사용승인을 받았지만 과세기준일 현재 기부채납이 예정되어 있을 뿐 실제로 기부채납 절차가 이행되지 않았다면 국가가 취득한 재산으로서 **비과세 대상으로 보기 어렵다고 판단됨**

- (기부채납의 부가가치세 면세) 반대급부 없는 무상 기부채납의 부가가치세는 면제되나(부가세법 제26조 ①, ⑳), 기부채납 후 사업자가 일정 기간 사용권 또는 수익권을 확보하는 경우에는 과세대상이 될 수 있음
  - 예외적으로 ①면세사업 관련 시설 기부채납 후 사용 시, ②사회기반시설 준공과 동시에 기부채납 후 시설관리·운영권 부여 시 부가가치세 면제가 가능함
  - 또한, 인허가 조건부 기부채납이나 순수 무상 기부채납의 경우에도 면세가 적용됨

「기부채납의 부가가치세 면세 여부」

- **(기부채납 후 무상사용 또는 수익권 부여)** 사업자가 건물 등 시설물을 신축하여 국가 또는 지자체에 기부채납 하고, 그 대가로 일정 기간 동 건물 등에 대한 무상사용권 또는 수익권을 얻는 경우, 부가가치세법 제9조 제1항에 따른 재화의 공급에 해당하여 **과세대상**이 됨
  - 국가나 지자체도 무상사용 또는 수익권 부여 시 부가가치세법 제12조 제2항에 따라 부동산 임대용역 공급에 해당되어 부가가치세를 납부하여야 함
  - 공급 시기는 기부채납 확정일, 과세표준은 지자체장이 결정한 기부채납 가액으로 산정됨

⇒ **(예외①)** 부가가치세 면세사업을 영위하는 자가 본인의 사업과 직접 관련한 시설물등을 기부채납 후 무상사용권을 받아 사업에 사용하는 경우 면세사업의 계속으로 보아 부가가치세가 **면제**됨

⇒ (예외②) 「사회기반시설에 대한 민간투자법」제4조제1호 및 제2호에 따라 기부채납 받고 그 대가로 시설관리·운영권을 부여한 경우 부가가치세가 **면제**됨(부가세령 제46조 제3호 다목)

- **(인허가 조건부 기부채납)** 사업자가 사업수행을 위한 인허가 조건에 의해 사회기반시설 등을 국가나 지자체에 기부채납 하는 경우 부가가치세가 **면제**됨(법 제26조①⑳)
- **(무상 기부채납)** 사업자가 생산·취득한 재화를 국가나 지자체에 아무런 대가 없이 무상으로 기부채납 하는 경우 부가가치세가 **면제**됨(법 제26조①⑳)

6) 사회·경제적 기여

- 사회·경제적 기여 측면에서 가장 두드러지는 논의는 ▲ 민간개발사업이 수반하는 인구·경제적 파급효과의 공적 기여 인정 여부임
  - 대규모 개발사업은 상주인구 및 활동인구의 증가를 수반하고, 이러한 인구 유입은 인구소멸 위기에 놓인 지자체의 숙원 문제를 해결하는 긍정적 효과로 작용하기도 함
    - 예컨대 주거와 상업, 문화 기능이 결합된 복합개발은 생활인구를 늘려 지역 내 소비와 교류를 활성화시키고, 지역경제 기반을 확충하는 성과를 가져옴

- 반면, 이러한 인구 유입은 기반시설 부족, 교통 혼잡, 환경 훼손 등 부정적 효과를 동반하기도 하므로, 사업시행자는 저감방안을 수립하고 도시환경을 제고하기 위한 다양한 노력을 기울임
- 실제 『환경영향평가법』 및 『환경영향평가서등의 작성 등에 관한 규정』에 따라 환경영향평가서 작성 시에는 사업으로 인한 인구 증가 예측, 영향, 저감방안 등 관련 사항을 기재하도록 의무화되어 있음

• 그러나 문제는 부정적 영향에 대한 저감조치 의무만 명확히 규정되어 있을 뿐, 긍정적 기여를 감안한 인센티브나 제도적 보상 장치는 마련되어 있지 않다는 점임

- 정부·지자체 역시 대규모 개발사업에 대해 주로 개발이익 환수 등 부의 영향 완화에 초점을 맞추는 실정으로, 경제적 파급효과나 인구 증가에 따른 활력 유입은 충분히 평가되지 못하고 있음
- 국가·지자체 직접 추진 재정사업은 사업 타당성 검토를 통해 지역경제 효과가 드러나는 반면, 민간개발사업은 사회·경제적 기여가 가시화되지 못하고 공공기여 의무만 강조되는 불균형이 나타나고 있음

• 이러한 문제의식 속에서, 민간개발사업의 사회·경제적 기여를 정량화하여 광의의 공공기여로 인정하고, 향후 공공기여 및 개발부담금 산정 과정에서 합리적으로 반영할 수 있도록 제도적 개선을 모색할 필요성이 제기되고 있음

7) 나아갈 방향

• 지금까지의 논의를 통해 광의의 공공기여가 단순한 제도적 장치가 아닌 법령과 이해관계자의 복잡한 이해가 얽힌 '살아 있는 시스템'임을 확인하였으며, 이제는 제도 안에서 우리가 나아갈 방향에 대해 논의하고자 함

① 공공기여를 '환수'의 관점에서만 보던 기존의 관점에서 벗어나 민간의 입장을 부담을 완화할 수 있는 적극적 유인·개선책을 마련해야 함

- 정부·지자체는 지금까지 공공기여를 '환수'의 관점에서만 다루며 행정 편의를 중심으로 제도를 구축해 왔으나, 실제 사업을 추진하고 부담을 떠안는 것은 민간사업자임
- 민간의 입장이 반영되지 않는 제도는 참여를 위축시킬 수밖에 없으므로 인센티브 제공 등 민간이 적극적으로 참여할 수 있는 유인과 개선책을 도입할 필요가 있음

② 특히, 기부채납·무상귀속을 둘러싼 현행 조세 체계만 보아도 사업자의 부담을 오히려 가중시키는 방향으로 설계되어 있어, 조세특례제한법·지방세특례제한법 등 관련 법령 개정을 통한 누적 부담의 합리적 조정이 필요함

③ 또한, 저성장과 지역 소멸이 맞물린 오늘날의 상황에서 대규모 복합개발이 가져올 사회·경제적 효과를 체계적으로 분석하고 이를 인정하는 제도적 장치의 마련한다면, 민간의 개발 의지를 더욱 높일 수 있을 것으로 기대됨

④ 마지막으로 개발사업의 지속 가능성을 위해, 사업자와 정부·지자체가 원활히 협의하고 과도한 부담을 조정할 수 있는 통합 관리 거버넌스 구축이 시급함

- 현행 제도 하에서는 민간사업자가 하나의 프로젝트에서 다양한 공공기여를 동시 부담함에도, 이를 소관하는 기관이 정부·지자체부터 각종 공공기관까지 분산되어 있어 실제 얼마나 기여하는지 그 총량조차 제대로 파악하기 어려움
- 이러한 누적 부담은 결국 개발사업의 지속 가능성을 위협하는 걸림돌로 작용하므로, 사업자·정부·지자체가 원활히 협의를 도출하고 사업자의 과도한 부담을 방지할 수 있는 통합 관리 시스템 마련이 필요함

- 광의의 공공기여는 결국 개발사업과 지역 사회의 상생을 위한 약속으로, 그 약속이 공정하고 투명하게 작동하기 위해서는 부담과 효과를 균형 있게 조정하는 제도적 토대와 이를 집행할 수 있는 거버넌스가 반드시 뒷받침되어야 함

5.2 제도 밖에서의 과제: 준공 후 공공기여

① 현황: 주거·비주거공간의 수요 불균형 심화

• (비주거공간 수요 위축) 비주거공간은 그동안 산업·상업 활동을 통해 도시 경쟁력 강화와 경제 활성화에 기여 해왔으나, 산업구조 변화, 거시경제 침체, 주거 중심 정책 등으로 수요·공급 모두 감소 추세임

- 금리 상승, 공사비 증가, 부동산 PF 위기 등 비주거 개발사업의 위축이 심각하며, 정부 정책도 주택공급 확대·미분양 해소·전세사기 지원 등 주거 중심 대책에 집중되고 있음
- 비주거 관련 정책은 도심복합사업 개편, PF 사업장 관리 등 간접적 지원에 그침

• (비주거공간 역할 재편의 필요성) 창업 수요 감소와 오프라인 거래 위축 등 국내 산업구조 변화로 인해 기존 비주거공간의 기능이 약화됨

- 상가 및 지식산업센터는 기업과 소상공인의 경제적 기반으로 기능해 왔으나, 저성장 기조와 산업구조 변화로 수요 기반이 축소됨
- 사회적 변화에 맞추어 비주거공간의 효율적 활용을 도모하고자 하나, 실질적으로 공공주도 도시·건축 규제 등으로 제한되어 규제 완화와 정책 마련의 필요성이 제기되고 있음

「비주거공간 산업 현황」

• **(지식산업센터 관련 산업의 위축)** 지식산업센터 수요에 가장 큰 영향을 미치는 창업기업과 입주가능업종의 산업 성장세가 둔화됨

- **(ICT 관련 창업기업 현황)** 지식산업센터의 주요 입주 수요인 ICT 관련 창업기업의 성장 둔화가 지속되고 있으며, 특히 전문·과학·기술 서비스업 창업기업 수는 2021년 6.5만 개에서 2023년 5.3만 개로 큰 폭 감소함
- **(지식산업센터 입주가능업종 현황)** 또한, 수도권 위주로 성장세를 보였던 지식산업센터 내 입주가능업종* 산업 규모가 '21년 이후 현상 유지 수준으로 전환

* 산업집적법 제28조의5제1항제1호 및 제2호에 해당하는 제조업, 지식기반산업, 정보통신산업, 벤처기업 등을 운영하기 위한 시설

그림 5-1 ICT 관련 창업기업 및 지식산업센터 입주가능업종 현황

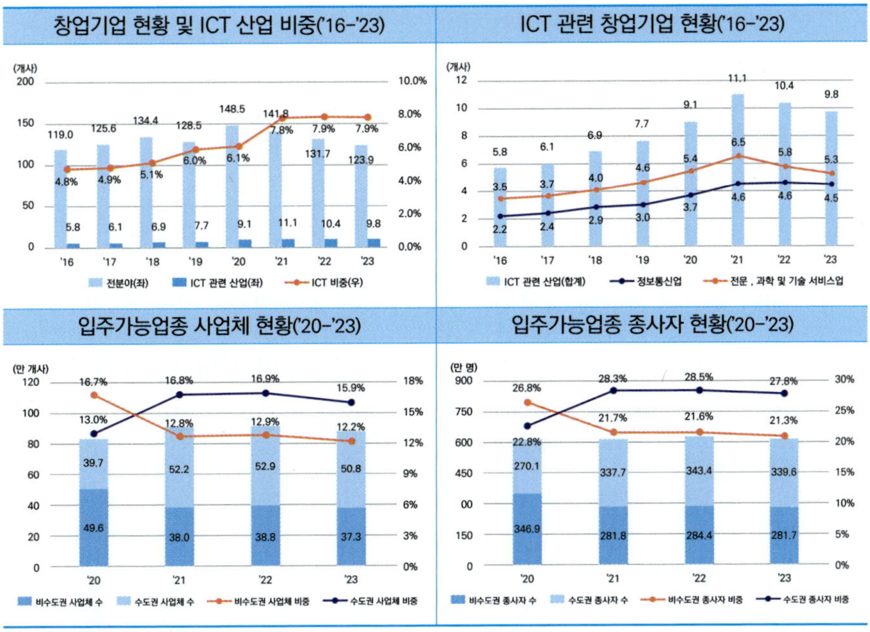

출처: 통계청

- **(상가 공실 증가)** 기존 오프라인 상가에 대한 선호도 하락으로, 상가에 대한 수요가 감소하여 공실이 급증하는 현상이 발생함
  - **(온라인쇼핑의 성장)** 코로나 19 이후 온라인쇼핑 매출의 급증과 당일배송·새벽배송 등 차별화 서비스로 오프라인 소비에 대한 선호도는 지속적으로 하락함
  - **(상가 선호도 감소)** 상가는 대표적인 수익형 부동산이나, 투자수익률은 하락, 공실률은 급증하는 추세가 이어짐

그림 5-2 오프라인 유통시장 매출 증감률

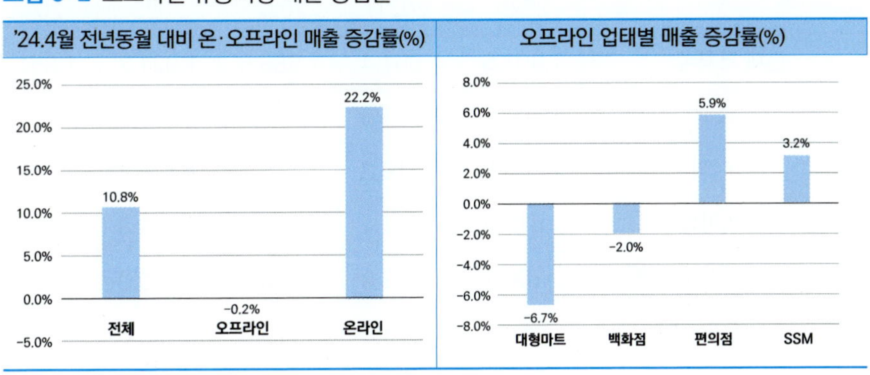

출처: 산업통산자원부, '24.5.28, '24년 4월 주요 유통업체 매출 10.8% 증가, 보도자료

• (주거공간 수요 지속) 반대로 가구 수 분화 등 사회적 변화로 주거공간 수요는 지속 증가하고 있음

- 2024년 전국 가구 수는 2,294만 가구로 2015년 대비 큰 폭 증가하였으며, 통계청 장래가구추계에 따르면 2040년 2,440만 가구까지 지속 증가할 전망임
- 2024년 거처 수는 약 1,952만 호로 매년 증가하고 있으나, 전체 가구 수 대비 여전히 부족한 상황임(가구당 거처 수: 2020년 0.86명 → 2024년 0.88명)
- 특히 수도권 내 주거공급은 신규 택지 공급이나 정비사업에 한정되어 있어, 비주거공간 및 유휴공간을 적극적으로 활용하는 방안에 대한 검토가 필요함

표 5-6 가구 수 증가 추이

구분	인구주택총조사			장래가구추계		
	15년		24년	25년		40년
전국	1,911만	⇒	2,294만	2,240만	⇒	2,440만
수도권	921만		1,102만	1,110만		1,240

출처: 인구주택총조사, 장래인구・가구추계

표 5-7 전국 거처 수 및 가구 수 현황(단위: 만 호, 만 가구)

구분			2020	2021	2022	2023	2024
전체 거처 수			1,801.5	1,851.4	1,886.6	1,921.2	1,951.7
	주택		1,701.5	1,741.6	1,770.4	1,801.1	1,827.4
		아파트	1,083.2	1,119.2	1,146.1	1,178.4	1,208.9
		비아파트	618.2	622.4	624.3	622.8	618.4
	주택 이외의 거처		100.1	109.8	116.2	120.0	124.3
		오피스텔	64.7	73.6	79.6	83.8	87.7
		기타	35.4	36.2	36.6	36.3	36.6

구분	2020	2021	2022	2023	2024
가구 수	2,092.7	2,144.8	2,177.4	2,207.3	2,229.4
가구당 거처 수 (거처 수/가구 수)	0.86	0.86	0.87	0.87	0.88

출처: 주거실태조사, 인구총조사

- (제도적 대응 필요) 현재 주거는 '수요>공급', 비주거는 '수요<공급' 현상이 동시에 나타남에 따라 비주거공간을 주거공간으로 전환하여 수요·공급 불균형을 완화할 수 있도록 적극적인 제도 기반 마련 및 정책 개입이 요구됨

② 준공 후 용도변경

- (체계적 제도·법령 부재) 수요가 높은 공간을 신속히 공급하기 위해서는 유휴공간의 유연한 용도변경이 필요하나, 현행 법령·제도 미비로 실제 활용이 어려움
  - 공간자산은 공급까지 상당한 기간과 비용이 소요되므로, 수요 급증기에 대응하기 위해서는 유휴 부동산을 신속히 전환할 수 있는 제도적 장치가 필수적임
  - 그러나, 현재는 건축 규제 외에도 지구단위계획 변경과 공공기여 등 도시 규제가 복합적으로 얽혀 있어 이를 뒷받침할 체계적인 법·제도가 부재한 상황임
- (용도변경 사례) 준공 후 용도변경을 정부가 적극적으로 지원한 대표 사례로는 생활숙박시설의 오피스텔 전환을 들 수 있음
  - 생활숙박시설은 도입 당시 '도심형 주거시설'로 주거 기능으로의 활용이 기대되었으나, 정책 일관성 부재로 인해 숙박용으로만 허용되고 있음
  - 실거주 불가로 수분양자는 매매·전세 거래가 제한되는 등 어려움을 겪었으며, 이는 수분양자와 사업시행자·지자체 간 소송·분쟁으로 이어져 시장 혼란을 유발함

- 이에 일부 지자체 및 중앙정부는 수분양자 구제와 제도의 연착륙을 위해 준공 후 생활숙박시설의 오피스텔 전환을 허용하였으며, 이 과정에서 주차장·복도 폭·난방기준·전용 출입구 설치 등 일부 건축·도시 규제가 특별 면제·완화됨
- 다만, 준공 후 용도변경에 따른 공공기여 기준의 부재로 중앙정부·지자체·사업시행자·수분양자 간 이해관계 충돌이 빈번히 발생하고 있으며, 특히 지자체 재량에 따라 부담수준이 달라 지역 간 형평성 문제가 제기됨*

* 안양시는 공공기여 없이 오피스텔로 용도변경, 창원·남양주 등 대다수 지역에서는 공공기여율 15% 수준 부과(땅집고, 2025.9.4.)

표 5-8 생활숙박시설 연착륙 유도를 위한 정책 연혁

일시	정부 발표 내용	비고
'23.9.	"기존 생활숙박시설 숙박업 신고 계도기간 부여·연착륙 유도"	
	• '24년 말까지 숙박업 신고 계도기간 부여	
	• 생활숙박시설 용도변경 한시 적용 특례 '23년 말 종료	
'24.10.	"생활숙박시설 불법 주거전용, 신규 발생은 원천 차단, 기존 생숙은 합법사용 지원"	
	• **(신규 생숙)** 숙박업 신고 기준 이상으로만 분양 허용하는 건축법 개정안 발의	개정 완료
	• **(기존 생숙)** 숙박업 신고 또는 오피스텔 용도변경 지원	
	– **(숙박업 신고)** 지역 여건 등 고려, 시·도 조례로 객실·면적 기준 완화	개정 완료
	– **(용도변경)** 1) 피난·방화설비 등 보강, 주거시설 수준의 화재 안전성능 인정 시 용도변경 허용, 2) 외부 주차장 허용 또는 비용 납부 등 주차 공간 대안 제공	개정 완료 지자체별 검토
	– **(지구단위계획)** 기부채납 방식으로 오피스텔 입지 허용 변경 검토	지자체별 검토
	– (오피스텔 건축기준) 전용 출입구 설치 면제, 전용면적 산정 시 안목치수 미적용	개정 완료

일시		정부 발표 내용	비고
'24.10.		• 생활숙박시설 지원센터 설치	설치 완료
		• 숙박업 신고 예비 신청 또는 용도변경 신청 시 '27년 말까지 이행강제금 부과 유예	
'24.11.	"오피스텔, 바닥난방 규제 폐지, 생활숙박시설 → 오피스텔 전환도 지원"		
		• **(오피스텔 규제 개선)** 바닥난방 면적 제한 폐지	개정 완료
		• **(용도변경 지원)** 전용 출입구, 안목치수 산정제외	개정 완료
'25.8.	"생활숙박시설, 9월 말까지 용도변경 신청하세요"		
		• 생활숙박시설의 용도변경을 위한 화재 안정성 인정기준	제정 완료
		• 생활숙박시설 복도 폭 완화 가이드라인 배포	배포 완료

출처: 국토교통부 보도자료

③ 앞으로의 과제: 합리적 공공기여 기준 마련

• 산업·인구 구조 변화와 거시경제 여건 악화로 인해 지식산업센터, 상가 등 기존 비주거공간의 주거용 전환에 대한 필요성이 점차 커지고 있음

- 새정부 출범 이후 처음 발표된 부동산 대책인 「주택공급 확대방안」에서도 아래와 같이, "도심 공실 상가, 업무시설 등을 활용하여 탄력적 용도전환을 통해 주거시설로 활용할 필요가 있다"고 언급함

- 특히, 수도권을 중심으로 주거·비주거공간 간의 수급 불균형 문제가 심화되고 있어 이를 해결하기 위한 공공과 민간의 긴밀한 협력과 논의가 요구됨

그림 5-3 「주택공급 확대방안('25.9.7.)」 중 신속공급 모델을 통한 단기공급 확대방안

3 신속공급 모델을 통한 단기공급 확대

② 공실상가, 업무시설 등 활용 非아파트 공급

□ **(공실상가 등)** 비대면 수요 확대, 경기변동 등으로 **도심 공실상가**가 증가하고 있어 **탄력적 용도전환**을 통해 **주거시설**로 활용 필요

ㅇ 도심 내 **공실 상가, 업무시설** 등의 용도변경으로 **신속하게 주택**을 **공급**할 수 있도록 **제도 개선방안 마련**('26.2)

* 건축물의 탄력적 용도전환 방안 연구 추진 중 / (수행자) 건축공간연구원 / (기간) '25.4~'26.1월

□ **(생숙)** 수도권에서 건설 중인 **생활숙박시설 약 1만실**에 대해 주거용 오피스텔로 **용도전환**을 지원하여 **실수요자**를 위한 **주거시설 확충**

❶ **설계변경 요건 완화***를 통해 용도변경을 위한 **의사결정** 원활화

* (現) 수분양자 100% 동의 → (改) 수분양자 80% 이상 & 분양받은 면적 전체의 2/3 이상 동의

❷ 생숙 → 오피스텔 **용도변경**을 위한 **복도폭** 완화 가이드라인 마련('25.8) 등 **제도개선 사항**이 안착될 수 있도록 **지자체 협력 강화**

자료: 주택공급 확대방안, 관계부처 합동('25.9.7)

- 그러나, 준공 후 용도변경은 건축물 용도변경뿐만 아니라 용도지역 변경 등 도시계획 규제 완화를 동반하여 현행 제도로는 추진이 복잡하며 공공기여와 관련한 명확한 기준도 없음
  - 실제 일부 사례에서는 생활숙박시설을 오피스텔로 변경하면서 지구단위계획상 설치기준에 맞는 부설주차장을 추가 확보하거나, 설치비용에 상응하는 공공시설등을 기부채납하는 방식으로 용도변경 출구를 마련한 바 있음
  - 이처럼 사업시행자와 소유주의 공공기여 부담은 불가피하지만, 현행 기준의 미비로 과도한 부담이 발생할 우려가 있어 건축·리모델링 비용까지 고려한 합리적 수준의 공공기여 기준을 마련하고 제도화할 필요가 있음

- 아울러 사업추진 과정에서 발생할 수 있는 갈등을 최소화하고 제도의 신뢰성을 높이기 위해, 공공·지자체·민간사업자·수분양자 등 이해관계자가 참여하여 합리적이고 수용 가능한 수준의 공공기여 기준을 마련하는 것이 필수적임

- 이러한 유연한 용도변경 정책이 마련된다면, 유휴 비주거공간과 공실을 최유효 용도로 활용할 수 있으며, 증가하는 주거공간 수요에도 신속하고 효과적으로 대응 가능함
  - 정책과 제도의 예측 가능성 또한 높아짐에 따라, 향후 유사 사례 추진 시 이해관계자 간 갈등을 최소화할 수 있을 것으로 기대됨

맺음말: 개발과 공공의 균형을 찾아서

지금까지 부동산개발사업 속에서 디벨로퍼가 만들어내는 '공공의 몫'을 살펴보았다. 공공기여, 기부채납, 부담금이라는 이름으로 운용되는 제도적 장치들은 도시의 부정적 외부효과를 줄이고 사회적 비용을 공정하게 분담하기 위해 마련되었으나, 현장에서 마주한 현실은 조금 달랐다. 각각의 훌륭한 목적 아래 만들어진 제도들은 겹겹이 중첩되며 부담으로 누적되었고, 그 과정에서 개발이 창출하는 긍정적 효과는 충분히 드러나지 못했다.

사례를 들여다보니 이러한 현실은 더욱 선명하게 드러났다. 어떤 사업은 인구소멸 위기에 놓인 지역에 새로운 활력을 불어넣었고, 또 다른 사업은 지역경제를 회복시키는 촉매 역할을 했다. 하지만 여전히 법과 제도는 부정적 효과의 억제에 무게를 두고 있다. 이로 인해 디벨로퍼는 지역사회와 도시환경의 개선에 수많은 기여를 하고도, 정작 그 노력과 성과를 제도적으로 인정받지 못하는 모순을 마주하게 된다.

바로 그 지점에서 이 책은 출발하였다. 우리는 공공기여의 개념을 넓게 재정립하고 실제 현장의 목소리와 구체적인 사례를 담아내며, 제도의 본래 취지를 살리면서도 예측 가능성과 균형을 유지할 길을 모색하고자 하였다. 무엇보다 디벨로퍼와의 긴밀한 자문을 통해 한 가지 분명한 사실을 확인할 수 있었다. 개발은 지역사회를 해치는 존재가 아니라, 적절한 공공기여를 동반함에 따라 도시의 지속가능한 성장 동력이 될 수 있다는 점이다. 다만, 그 기여가 과도하게 누적되면 또 다른 문제가 발생할 수 있다는 사실도 분명했다.

앞으로 우리에게 필요한 것은 '균형'이다. 정부와 지자체는 규제와 환수의 시각을 넘어, 민간이 만들어내는 사회·경제적 기여를 정당하게 평가해야 한다. 나아가 디벨로퍼는 단순히 제도적 요구에 순응하는 수동적 존재가 아니라, 지역사회와 미래를 함께 설계하는 파트너로 거듭나야 한다. 주거·비주거공간의 수급 불균형이 심화되는 오늘날, 준공 후 용도변경과 같은 제도 밖 공공기여를 제도권으로 끌어오는 일은 앞으로의 새로운 가능성을 열어주는 길이 될 수 있다. 이런 흐름은 민간의 창의적 참여를 이끌고, 도시와 지역사회가 함께 지속가능한 발전을 모색하는 중요한 발판이 될 것이다.

이 책은 공공기여에 대한 최종 답안을 제시하는 결과물이 아니다. 오히려 새로운 질문을 던지기 위한 출발점에 가깝다. 우리는 독자들이 이 책에 담긴 문제의식과 사례를 바탕으로 더 깊은 토론과 연구를 이어가기를 바란다. 그리고 언젠가 정부·지자체·디벨로퍼·지역사회가 모두 함께, 도시의 미래를 위해 조율된 새로운 균형점을 찾아가기를 기대한다. 그것이야말로 우리가 궁극적으로 꿈꾸는 지속가능한 도시 발전의 길일 것이다.

앞으로 우리에게 필요한 것은 '균형'이다. 정부와 지자체는 규제와 환수의 시각을 넘어, 민간이 만들어내는 사회·경제적 기여를 정당하게 평가해야 한다. 나아가 디벨로퍼는 단순히 제도적 요구에 순응하는 수동적 존재가 아니라, 지역사회와 미래를 함께 설계하는 파트너로 거듭나야 한다. 이를 위해 영국과 일본에서 활용되는 PFI(Private Finance Initiative)와 유사한 민관 협력형 구조를 참고할 수 있다. 지자체가 서비스 구매 주체로 참여하고, 민간이 자금조달과 설계·시공·운영을 일괄 수행하는 BOT/BTL 유사 구조를 통해 공공기여의 선제적 재원 확보와 지속가능한 운영 모델을 동시에 실현하는 것이다.

주거·비주거공간의 수급 불균형이 심화되는 오늘날, 준공 후 용도변경과 같은 제도 밖 공공기여를 제도권으로 끌어오는 일 또한 앞으로의 새로운 가능성을 열어주는 길이 될 수 있다. 이런 흐름은 민간의 창의적 참여를 이끌고, 도시와 지역사회가 함께 지속가능한 발전을 모색하는 중요한 발판이 될 것이다.

이 책은 공공기여에 대한 최종 답안을 제시하는 결과물이 아니다. 오히려 새로운 질문을 던지기 위한 출발점에 가깝다. 우리는 독자들이 이 책에 담긴 문제의식과 사례를 바탕으로 더 깊은 토론과 연구를 이어가기를 바란다. 그리고 언젠가 정부·지자체·디벨로퍼·지역사회가 모두 함께, 도시의 미래를 위해 조율된 새로운 균형점을 찾아가기를 기대한다. 그것이야말로 우리가 궁극적으로 꿈꾸는 지속가능한 도시 발전의 길일 것이다.

디벨로퍼의 또 다른 공헌

이 책에서 우리는 공공기여, 기부채납, 부담금 등 제도적 장치를 통해 민간이 도시개발 과정에서 수행하는 '공공의 역할'을 재조명하였다. 이를 통해 개발이 단순한 이익 창출 행위가 아니라 지역과 사회에 기여하는 하나의 과정임을 밝히며, 지금까지 다소 부정적으로 인식되어 온 디벨로퍼의 역할을 새롭게 바라보고 민관의 균형과 지속가능한 도시발전의 가능성을 모색하고자 하였다.

이제는 개발사업 과정에서의 공공기여를 넘어, 디벨로퍼들이 그동안 사회적 책임을 인식하고 실천해 온 또 다른 형태의 공헌, 즉 사회공헌 활동에 대해 살펴보고자 한다.

디벨로퍼들은 단순히 부동산을 개발하고 공급하는 주체를 넘어, 지역사회와 함께 성장하며 지속가능한 미래를 설계하는 파트너로 자리매김해 왔다. 장학재단 운영, 기부, 봉사활동 등 다양한 사회공헌 프로그램을 통해 지역사회와 상생하고 있으며, 이는 기업 이미지 제고를 넘어 국가 경제 발전과 국민 삶의 질 향상에 실질적으로 기여하는 사회적 투자로 평가된다.

최근 ESG(환경·사회·지배구조) 경영이 확산됨에 따라 디벨로퍼들은 지속가능한 도시개발과 지역 상생 구조 구축을 기업의 핵심 가치로 삼고 있다. 개발사업 초기 단계부터 지역사회와의 협력 체계를 구축하고, 개발이익의 일부를 지역 발전에 환원하는 것을 넘어 그 이상의 사회적 공헌으로 이어지는 선순환 구조를 형성하고 있다.

이러한 사회공헌은 일회성 후원이 아닌, 도시와 공동체의 지속가능성을 높이는 장기적 파트너십 활동으로 진화한다. 이는 디벨로퍼 산업이 단순히 경제적 영역을 넘어 사회적 책임을 수행하는 산업으로 발전하고 있음을 보여준다.

아래의 사례들은 시행업계의 대표적인 디벨로퍼인 ㈜신영, MDM그룹, ㈜피데스개발, ㈜글로스타, ㈜대성문, 대신이엔디㈜, 삼일건설㈜, 시티인벤타라㈜, ㈜에스디프런티어, 하이랜드㈜ 등이 수행해 온 다양한 사회공헌 활동을 정리한 것이다. 각 기업이 지역사회 발전을 위해 어떤 방식으로 공헌하고 있는지를 살펴보면, 개발사업의 제도적 틀을 넘어 민간의 자발적 공헌이 도시의 또 다른 성장 동력 축으로 작동하고 있음을 확인할 수 있다.

이처럼 디벨로퍼의 사회적 공헌은 도시개발의 연장선에서 사회적 신뢰를 쌓고, 지역과 함께 성장하는 지속가능한 미래를 만드는 밑거름이 되고 있다. 이는 공공기여를 넘어선 새로운 형태의 민간 기여이자, 앞으로 도시가 나아가야 할 공존의 방향을 보여주는 중요한 실천이라 할 수 있다.

표 1 주요 디벨로퍼의 사회공헌 활동

구분	주요 활동	활동사진
(주)신영	• 연간 1억 원 이상 기부 • 문화재단 27.5억 원 출연 • 건축문화상·미술상·도록 제작 후원	
MDM 그룹	• 숙명여대·경남정보대·건국대 등 대학 및 협회 단체 90억 원 이상 기부 • 장학재단 688억 원 출연, 6,425명에게 141.3억 원 장학금 수여 • 애란원·성심원 등 사회복지재단 단체 봉사활동 참여	

구분	주요 활동	활동사진
(주)피데스 개발	• 건국대 부동산대학원 발전기금 3억 원 출연 • 인재육성장학금 1,000만 원 • 자선단체(초록우산·사랑의 열매 등) 및 지자체 840만 원 • 그 외 코로나-19 마스크 500장, 성남시 쌀 100포 기부	
(주) 글로스타	• 공익재단 등 5억 원 출연 • 불우이웃돕기 성품 기탁 등	
(주)대성문	• 동아대학교 등 1억여 원 기부 • 초록우산어린이재단 등 자선단체 6억 원 기부 • 노후주택개량사업·국가유공자 주거환경개선사업 지원 • 부산지역축제 10억 원 협찬 및 후원	
대신이엔디 (주)	• 연간 4천만 원 상당 기부 • 국가유공자 노후주택개량사업, 서울시 주거 안심 동행 민관협력사업, 대한적십자사 등 지원 • 연탄 봉사 등 단체 봉사활동 수행	
삼일건설 (주)	• (재)삼일파라뷰문화장학재단 운영 • 장학금 약 3억 원 기부 • 광주대·조선대·전남대 발전기금 7천만 원 후원 • 전남대병원 3천만 원, 전남대 의료봉사단체(더퍼스트히어로) 1천만 원 후원 • 그 외 지역 고교생 30명, 대학생 2명 장학금 지원	

구분	주요 활동	활동사진
시티인벤타라(주)	• 대학 장학금 등 연간 5.000만 원 지원 • 도시재생지역 독거노인 쌀 지원 연간 1,000만 원 등	
(주)에스디프런티어	• 인천시 · 연수구청에 연간 1억 기부	
하이랜드(주)	• 순천군 희망나눔 성금 3,000만 원 등 기부 • 1억 이상 개인 고액기부자 모임인 광주아너소사이어티 회원	

참고문헌

단행본

- 김지엽, 2023, 도시를 만드는 법, 성균관대학교 출판부.
- 임영택·박홍수, 2025, 부동산개발 세무실무, 삼일인포마인.

보고서

- 강운산, 2008, 건설 관련 부담금 제도의 문제점과 개선 방안, 한국건설산업연구원.
- 강운산, 2013, 공공시설 기부채납제도의 문제점과 개선 방안, 한국건설산업연구원.
- 구형수·김상조·이형찬·김동근, 2020, 도시계획 변경에 따른 공공기여 기준 정립 및 기금 설치방안 연구, 국토연구원.
- 김동성·이성창·이승용, 2024, 서울시 공공투자사업 파급효과 분석 가이드라인 개선방안, 서울연구원.
- 김상일·김인희, 2006, 용도지역 변경에 따른 계획이득 추정에 관한 연구, 서울시정개발연구원.
- 김상호·배선혜, 2021, 기부채납 건축물의 공공성 강화를 위한 제도 개선 방향 연구, 건축공간연구원.

o 김용웅·차미숙, 2001, 지역개발사업의 파급효과 분석기법 및 적용 연구, 국토연구원.
o 김창수·엄수원, 1996, 택지개발사업의 지역경제파급효과 분석, 한국토지공사.
o 맹다미·송경민·권주안, 2021, 도시계획시설 복합화를 위한 활성화 방안 연구, 서울특별시.
o 송하승 외, 2022, 토지의 공공성 제고를 위한 사전 개발이익환수제도 도입 방안 연구, 국토연구원.
o 유정주, 2011, 개발사업 인허가에 따른 기부채납 현황과 개선방안, 한국경제인연합회.
o 이성룡·이보라, 2023, 개발사업의 공공기여 기준 연구, 경기연구원.
o 이우종 외, 2014, 도시개발이익의 합리적 공유방안 마련 연구, 서울특별시.
o 이형찬 외, 2016, 계획이익 조정체계 정비에 관한 연구, 국토연구원.
o 조혜영·박성길·강혜정, 2017, 산업단지 조성에 따른 경제적 파급효과 분석: 김해 골든루트 산업단지를 중심으로, 한국산업단지공단.
o 황선훈, 2024, 공공기여제도의 개념적 고찰, 한국부동산연구원.

논문

o 강우원, 2013, "기부채납 법리를 통해서 본 도시계획관련 법제 정비에 관한 연구", 도시행정학보 26(3), pp. 195~218.
o 김종보·허지인, 2022, "지구단위계획과 공공기여의 산정", 행정법연구 제67호 pp. 137~162.
o 김지엽·남진·홍미영, 2016, "서울시 사전협상제를 중심으로 한 공공기여의 의미와 법적 한계", 한국도시설계학회지 17(2) pp. 119~129.
o 김황규·박훈, 2023, "무상귀속과 기부채납 간 비교를 통한 취득세 개선에 관한 소고", 지방세논집 10(2) pp. 19~45.
o 박건우, 2024, "개발사업법상 무상귀속 공공시설의 개념과 판단기준", 토지공법연구 제106집 pp. 29~50.
o 송하승·이진희·손은영, 2023, "개발이익의 사후 환수, 최선인가?: 개발이익

부담금의 개편을 중심으로", 부동산분석 9(3) pp. 179~198.

- 양은영, 2022, "공공기여 개념 정립에 관한 고찰", 토지공법연구 제100집 pp. 137~160.
- 옥동석, 2020, "부담금의 유형별 분류와 심사기준", 예산정책연구 9(2) pp. 33~67.
- 이규태·배상영·이상엽, 2018," 대형 복합쇼핑몰 개발이 지가에 미치는 영향에 관한 연구: 스타필드 하남을 중심으로", GRI연구논총 20(2) pp. 53~77.
- 이상신, 2016, "부동산 기부채납의 법적 쟁점과 과세 문제", 부동산학보 제65집 pp. 50~64.
- 이승민, 2012, "공공시설의 무상귀속에 관한 소고", 행정법연구 제34호 pp. 339~369.
- 이주용·정영철, 2024, "기부채납 시설의 건설관리 및 법제에 관한 개선방안", 한국건설관리학회 논문집 25(1), pp. 3~12.
- 장재일, 2024, "지방도시의 사전협상제도 도입과 관련한 쟁점 연구", 도시부동산연구 15(1) pp. 5~20.
- 주미진, 2023, "경기도 4차 산업의 특화도 및 동태적 변이할당 분석", GR연구논총 25(1), pp. 61~84.
- 허자연·김예성, 2023, "공공기여란 무엇인가: 재정학적 부담기준을 중심으로", 입법과 정책 15(3) pp. 111~136.

브리프

- 김예성, 2019, "도시계획 관련 기부채납제도의 향후 과제", 국회입법조사처 이슈와 논점 제1553호.
- 김예성, 2021, "공공기여 제도 변화의 주요 내용과 과제", 국회입법조사처 이슈와 논점 제1821호.
- 박경아·김용미, 2023, 교통영향평가 개선방안, 한국교통연구원 이슈페이퍼 2023-19호.

정부 · 지자체

- 감사원, 수도권 도시 재개발·재건축 등 정비사업 추진실태(2017.12)
- 경기도 교통영향평가 지침[경기도 고시 제2022-5167호, 2022.10.28.]
- 관계부처합동, 부담금정비 및 관리체계 강화방안(2024.3)
- 국토교통부, 개발부담금 업무편람(2025.1)
- 국토교통부, 공공기여 가이드라인(2025.3)
- 국토교통부, 기반시설 기부채납 운영기준(2013.10)
- 국토교통부, 적정한 기부채납 가이드라인 마련을 위한 연구(2013.10)
- 국토교통부, 주택사업 관련 기반시설 기부채납 운영기준(2024.12)
- 기획재정부, 2023년도 부담금운용종합보고서(2024.5)
- 동두천시, 행복드림센터 건립 교통영향평가(2024.5)
- 서울시 공공시설 등 기부채납 용적률 인센티브 운영기준[서울특별시 행정2부시장 방침 제71호, 2025.3.18.]
- 예비타당성조사 운용지침[기획재정부훈령 제788호, 2025. 6. 16., 일부개정]
- 의정부시 행복드림센터 건립 교통영향평가(2021.5)
- 조달청, 행정재산 무상귀속 사전협의 매뉴얼(2024.1)
- 한국은행, 산업연관분석해설(2014)
- 한국은행, 2020년 기준년 산업연관표(2024)

기사

- 딜사이트, "롯데건설 시공 '해운대 한진CY부지' 본PF 성공", 2024.9.11.
- 땅집고, "생숙→오피스텔 전환두고…"안양은 0원, 우리는 120억 내라?" 불만", 2025.9.4.
- 서울시, "현대차 GBC 고용창출효과 121만 5천명", 2015.10.15.
- 연합뉴스, "[2025 광주전남 ⑤ 복합쇼핑몰 지역경제 성장 마중물 되나", 2024.12.22.

부록

표 부록-1 지방자치단체별 사전협상제도 도입 현황 종합

no	구분	지역	도입 시기	수립현황 조례	수립현황 지침	근거 법	적용대상	공공기여율		공공기여량 산정기준 및 감정평가 시점
1	광역 지자체 (7)	서울 특별시	2009	●	●	조례·지침 • 국토계획법 §51①⑧의2~⑧의3, • 「서울특별시 도시계획 조례」§16④	• 5천㎡ 이상의 부지	①용도지역 변경 ②도시계획시설 폐지 등 ③허용용도 완화 등 ⇒ ①, ② 중첩 시	• 증가하는 용적률의 6/10에 해당하는 토지가치 • 용도지역 변경 여부에 따라 공공기여율 상이 (용도지역 변경 여부 / 비율: 변경 없음 20% / 변경 있음 일반주거→일반상업 35% / 변경 있음 일반주거→준주거 25% 내외) - • 각각 공공기여비율 총량 합산 후 5% 감한 비율	• 종후 토지가치 기준 공공기여 비율 곱하여 산정 - 공공기여 토지면적(공공기여 기준대지면적×공공기여비율) × 대상토지의 ㎡당 종후 감정평가액 • 감정평가 시점 - (종전) 해당 개발계획(안)의 도시관리계획 결정(변경)을 위한 최초 열람·공고일 전일 - (종후) 도시관리계획 결정(변경) 고시일
2		부산 광역시	2016	●	●	조례·지침 • 국토계획법 §51①⑧의2~⑧의3, • 「부산광역시 도시계획 조례」§16③	• 5천㎡ 이상의 부지	①용도지역 변경 ②도시계획시설 폐지 등 ③허용용도 완화 등	• 토지가치 상승분(100%) • 10% 내외 -	• 감정평가 시점 - (종전) 협상완료 전 예비감정 실시 또는 협상완료 후 지구단위계획 결정 고시전 본 감정 실시 - (종후) 도시관리계획 결정(변경) 고시일
3		광주 광역시	2017	●	●	조례·지침 • 국토계획법 §51①⑧의2~⑧의3	• 1만㎡ 이상 유휴토지 또는 대규모 시설 이전부지	①용도지역 변경 ②도시계획시설 폐지 등 ③허용용도 완화 등 ⇒ ①, ② 중첩 시	• 증가하는 용적률의 5/10에 해당하는 토지가치 • 20% 내외 - • 각각 공공기여비율 총량 합산 후 5% 감한 비율	• 다음의 두 값 중 큰 값 적용 1) 공공기여 토지면적 × 대상토지의 ㎡당 종후 감정평가액 2) [종후 감정평가액 - 종전 감정평가액] × 40~60% ※적용 비율은 협상대상지의 공익적 기여 등에 따라 협상조정협의회 및 도시계획위원회 등에서 정성적 판단 후 조정 • 감정평가 시점 - (종전) 협상대상지 선정평가 신청 이전 시점 또는 공공의 협상대상지 선정 이전 시점 - (종후) 도시관리계획 결정(변경) 고시일
4		대구 광역시	2017	●	●	조례·지침 • 국토계획법 §51①⑧의2~⑧의3, • 「대구광역시 도시계획 조례」§17④	• 5천㎡ 이상의 대규모 유휴부지	①용도지역 변경 ②도시계획시설 폐지 등 ③허용용도 완화 등 ⇒ ①, ② 중첩 시	• 증가하는 용적률의 5/10에 해당하는 토지가치 • 15% 내외 - • 각각 공공기여비율 총량 합산 후 5% 감한 비율	• 공공기여 토지면적(공공기여 기준대지면적×공공기여율) × 대상토지의 ㎡당 종후 감정평가액 • 감정평가 시점 • (종전) 협상대상지 선정평가 신청 이전 시점 또는 공공의 협상대상지 선정 이전 시점 • (종후) 도시관리계획 결정(변경) 고시일
5		인천 광역시	2020	●	●	조례·지침 • 국토계획법 §51①⑧의2~⑧의3, • 「인천광역시 도시계획 조례」§15②	• 5천㎡ 이상의 부지	①용도지역 변경 ②도시계획시설 폐지 등 ③허용용도 완화 등 ⇒ ①, ②, ③ 중첩 시	• 증가하는 용적률의 6/10에 해당하는 토지가치 • 20% 내외 • 12.5% 내외 • 각각 공공기여비율 총량 합산 후 5% 감한 비율	• 다음의 두 값 중 큰 값 적용 1) 공공기여 토지면적 × 대상토지의 ㎡당 종후 감정평가액 2) [종후 감정평가액 - 종전 감정평가액] × 60% ※적용 비율은 협상대상지의 공익적 기여 등에 따라 협상조정협의회 및 도시계획위원회 등에서 정성적 판단 후 조정 • 감정평가 시점 - (종전) 협상대상지 선정평가 신청 이전 시점 또는 공공의 협상대상지 선정 이전 시점 - (종후) 도시관리계획 결정(변경) 고시일

no	구분	지역	도입 시기	수립현황 조례	수립현황 지침	근거 법	적용대상	공공기여율		공공기여량 산정기준 및 감정평가 시점
6		세종 특별 자치시	2021	-	●	지침 • 국토계획법 §26①	• 민간이 제안하여 규제가 완화되는 도시관리계획 변경	①용도지역 변경	• 증가하는 용적률의 5/10에 해당하는 토지가치 (산정된 공공기여율 10% 미만일 경우, 10% 적용)	• 공공기여 토지면적 × 대상토지의 ㎡당 종후 감정평가액 • 감정평가 시점 - (종전) 협상대상지 선정 평가 신청 이전시점 또는 공공의 협상대상지 선정 이전시점 - (종후) 도시관리계획 결정(변경) 고시일
								②도시계획시설 폐지 등	• 15%	
								③허용용도 완화 등	구분 / 비율 불허 건축물용도 허용, 기결정 건축물 용도변경·추가 / 12.5% 공동주택(오피스텔 포함) 추가 / 25.0%	
								⇒ ①, ②, ③ 중첩 시	• 각각 공공기여비율 총량 합산 후 5% 감한 비율	
7		울산 광역시	2023	●	-	조례 • 국토계획법 §51①⑧의2~⑧의3	• 5천㎡ 이상의 부지	①용도지역 변경	• 토지가치 상승분(지구단위계획 수립체계에 따름)	-
								②도시계획시설 폐지 등	-	
								③허용용도 완화 등	-	
8	기초 지자체 (20)	경기도 부천시	2012	-	●	지침 • 국토계획법 §26①	• 주민이 제안하는 도시관리계획 결정(변경)	①용도지역 변경	• 증가하는 용적률의 5/10에 해당하는 토지가치	-
								②도시계획시설 폐지 등	• 기본 15%, 공동주택(아파트)·오피스텔 포함 20%	
								③허용용도 완화 등	• 기본 15%, 공동주택(아파트)·오피스텔 포함 20%	
								⇒ ①, ②, ③ 중첩 시	• 각각 공공기여비율 총량 합산 후 5% 감한 비율	
9		경기도 고양시	2020	-	●	지침 • 국토계획법 §26①	• 주민이 제안하여 규제가 완화되는 도시관리계획 변경	①용도지역 변경	• 증가하는 용적률의 5/10에 해당하는 토지가치 ※사업 특수성 감안, 산정된 공공기여율 10% 범위 내 강화(가중치) 적용 가능	• 감정평가 시점 - (종후) 도시관리계획 결정(변경) 고시일
								②도시계획시설 폐지 등	• 15%	
								③허용용도 완화 등	• 12.5%	
								⇒ ①, ②, ③ 중첩 시	• 각각 공공기여비율 총량 합산 후 5% 감한 비율	
10		경기도 성남시	2020	●	●	조례·지침 • 국토계획법 §26, §51①⑧의2~⑧의3	• 5천㎡ 이상의 주민이 제안하여 규제가 완화(용도지역 상향 등)되는 도시관리계획 변경	①용도지역 변경	• 증가하는 용적률의 5/10에 해당하는 토지가치	• 공공기여 토지면적 × 대상토지의 ㎡당 종후 감정평가액 • 감정평가 시점 - (종후) 도시관리계획 결정(변경) 고시일
								②도시계획시설 폐지 등	• 15%	
								③허용용도 완화 등	• 12.5%	
								⇒ ①, ②, ③ 중첩 시	• 각각 공공기여비율 총량 합산 후 5% 감한 비율	
11		경기도 평택시	2021	-	●	지침 • 국토계획법 §26①	• 민간이 제안하여 규제가 완화되는 도시관리계획 결정(변경)	①용도지역 변경	• 증가하는 용적률의 5/10에 해당하는 토지가치	• 공공기여 토지면적 × 대상토지의 ㎡당 종후 감정평가액 • 감정평가 시점 - (종전) 협상대상지로 선정된 협상대상지 선정평가 신청 이전 시점 또는 공공의 협상대상지 선정 이전 시점 - (종후) 도시관리계획 결정(변경) 고시일
								②도시계획시설 폐지 등	• 20% ※사업 특수성 감안, 산정된 공공기여율 5% 범위 내 강화(가중치) 적용 가능	
								③허용용도 완화 등	-	
								⇒ ①, ② 중첩 시	• 각각 공공기여비율 총량 합산 후 5% 감한 비율	
12		경기도 화성시	2021	-	●	지침 • 국토계획법 §26①, §51①	• 주민이 제안하여 규제가 완화되는 지구단위계획과 관련된 도시계획변경	①용도지역 변경	• 공동주택 미포함 시, 증가하는 용적률의 5/10에 해당하는 토지가치 • 공동주택 포함시 권역별 기준적용 1권역 60% / 2권역 45% / 3권역 30% / 4권역 15%	• 공공기여 토지면적 × 대상토지의 ㎡당 종후 감정평가액 • 감정평가 시점 - (종전) 사전협상 사업제안 신청 직전일 또는 공공이 지정하는 시점 - (종후) 도시관리계획 결정(변경) 고시일
								②도시계획시설 폐지 등	• 15%	
								③허용용도 완화 등	구분 / 비율 1) 불허 건축물용도 허용, 기결정 건축물 용도변경·추가 / 12.5% 택지개발지구, 공공주택지구, 정비구역 준공 후 1)에 해당하는 경우 / 25.0%	

no	구분	지역	도입 시기	수립현황 조례	수립현황 지침	적용대상	적용대상: 근거 법	적용대상	공공기여율		공공기여량 산정기준 및 감정평가 시점
13	기초 지자체 (20)	경기도 양주시	2022	-	●	지침	• 국토계획법 §26①	• 민간이 제안하여 규제가 완화되는 도시관리계획 변경	①용도지역 변경 ②도시계획시설 폐지 등 ③허용용도 완화 등 ⇒ ①, ②, ③ 중첩 시	• 증가하는 용적률의 5/10에 해당하는 토지가치 • 단, 준공업지역은 차등적용 계수 적용 주거용지비율: 60% 미만 0.5 / 60~70% 0.6 / 70~80% 0.7 / 80~90% 0.8 • 15% 구분 / 비율: 지구단위계획구역 내 허용용도 완화 12.5% / 준공된 택지개발사업 (공동주택(아파트)·오피스텔 포함) 25.0% • 각각 공공기여비율 총량 합산 후 5% 감한 비율	• 감정평가 시점 - (종후) 도시관리계획 결정(변경) 고시일
14		경기도 광주시	2023	-	●	지침	• 국토계획법 §26①	• 민간이 제안하여 규제가 완화되는 도시관리계획 변경	①용도지역 변경 ②도시계획시설 폐지 등 ③허용용도 완화 등 ⇒ ①, ②, ③ 중첩 시	• 공동주택 미포함 시, 증가하는 용적률의 5/10에 해당하는 토지가치 • 공동주택 포함 시, 35/100에 해당하는 토지가치 • 15% ※사업 특수성 감안, 산정된 공공기여율 5% 범위 내 강화(가중치) 적용 가능 • 12.5% • 각각 공공기여비율 총량 합산 후 5% 감한 비율	• 공공기여 토지면적 × 대상토지의 ㎡당 종후 감정평가액 • 감정평가 시점 - (종전) 협상대상지로 선정된 협상대상지 선정평가 신청 이전 시점 또는 공공의 협상대상지 선정 이전 시점 - (종후) 도시관리계획 결정(변경) 고시일
15		경기도 용인시	2023	-	●	지침	• 국토계획법 §26①	• 민간이 제안하여 규제가 완화되는 도시관리계획 변경	①용도지역 변경 ②도시계획시설 폐지 등 ③허용용도 완화 등 ⇒ ①, ②, ③ 중첩 시	• 증가되는 용적률의 5/10에 상당하는 토지가치 (단, 자연녹지에서 공동주택 포함 변경시 3/10 적용) • 15% • 12.5% • 각각 공공기여비율 총량 합산 후 5% 감한 비율	• 공공기여 토지면적 × 대상토지의 ㎡당 종후 감정평가액 • 감정평가 시점 - (종전) 협상대상지 선정 시점 이전 또는 제안 이전 시점 - (종후) 도시관리계획 결정 고시 시점
16		경기도 광명시	2024	-	●	지침	• 국토계획법 §26①	• 민간이 제안하여 규제가 완화되는 도시관리계획 변경	①용도지역 변경 ②도시계획시설 폐지 등 ③허용용도 완화 등 ⇒ ①, ②, ③ 중첩 시	• 증가하는 용적률의 5/10에 해당하는 토지가치 • 15% • 12.5% • 각각 공공기여비율 총량 합산 후 5% 감한 비율	• 공공기여 토지면적 × 대상토지의 ㎡당 종후 감정평가액 • 감정평가 시점 - (종전) 협상대상지 선정평가 신청 이전시점 - (종후) 도시관리계획 결정(변경) 확정고시일
17		경기도 수원시	2023	●	-	조례	• 국토계획법 §51①⑧의2~⑧의3, • 「수원시 도시계획 조례」§16②	-	①용도지역 변경 ②도시계획시설 폐지 등 ③허용용도 완화 등	• 토지가치 상승분 범위 내 - -	-
18		경기도 안산시	2023	-	●	지침	• 국토계획법 §26①, §51①⑧의2~⑧의3	• 민간이 제안하여 규제가 완화되는 도시관리계획 결정(변경)	①용도지역 변경 ②도시계획시설 폐지 등 ③허용용도 완화 등 ⇒ ①, ②, ③ 중첩 시	• 증가하는 용적률의 5/10에 해당하는 토지가치 • 기본 15%, 공동주택·준주택 포함 시 20% • 20% • 각각 공공기여비율 총량 합산 후 5% 감한 비율	• 다음의 두 값 중 큰 값 적용 1) 공공기여 토지면적 × 대상토지의 ㎡당 종후 감정평가액 2) [종후 감정평가액 - 종전 감정평가액] × 50% ※적용 비율은 협상대상지의 공익적 기여 등에 따라 협상조정협의회 및 관련 위원회 자문 등을 통해 조정 가능
19		경기도 안양시	2025	-	●	지침	• 국토계획법 §51①⑧의2~⑧의3, • 「안양시 도시계획 조례」§14②	• 5천㎡ 이상의 유휴토지 또는 대규모 시설의 이전부지	①용도지역 변경 ②도시계획시설 폐지 등 ③허용용도 완화 등 ⇒ ①, ② 중첩 시	• 증가하는 용적률의 5/10에 해당하는 토지가치 • 15% - • 각각 공공기여비율 총량 합산 후 5% 감한 비율	• 공공기여 토지면적 × 대상토지의 ㎡당 종후 감정평가액 • 감정평가 시점 - (종전) 선정된 협상대상지 선정 평가 신청 이전시점 또는 공공의 협상대상지 선정 이전시점 - (종후) 도시관리계획 결정(변경) 고시일
20		경기도 파주시	2025	-	●	지침	• 국토계획법 §26①	• 주민이 제안하는 도시관리계획 결정(변경)	①용도지역 변경 ②도시계획시설 폐지 등 ③허용용도 완화 등	• 증가하는 용적률의 권역별 기준에 해당하는 토지가치 1권역 50% / 2권역 30% / 3권역 15% • 15% 구분 / 비율: 불허 건축물용도 허용, 기결정 건축물 용도변경·추가(용도지역 변경 제외) 12.5% / 준공된 택지개발사업 15.0%	• 감정평가 시점 - (종후) 도시관리계획 결정(변경) 고시일

no	구분	지역	도입 시기	수립현황 조례	수립현황 지침		근거 법	적용대상	공공기여율		공공기여량 산정기준 및 감정평가 시점
21	기초 지자체 (20)	경기도 하남시	2024	●	●	조례·지침	• 국토계획법 §26①, §51①⑧의2~⑧의3 • 「하남시 도시계획 조례」§15②	• 민간이 제안하여 규제가 완화되는 도시관리계획 결정(변경)	①용도지역 변경 ②도시계획시설 폐지 등 ③허용용도 완화 등 ⇒ ①, ②, ③ 중첩 시	• 증가하는 용적률의 5/10에 해당하는 토지가치 • 기본 15%, 공동주택·준주택 포함 시 20% • 기본 15%, 공동주택·준주택 포함 시 20% • 각각 공공기여비율 총량 합산 후 5% 감한 비율	• 다음의 두 값 중 큰 값 적용 1) 공공기여 토지면적 × 대상토지의 ㎡당 종후 감정평가액 2) [종후 감정평가액 - 종전 감정평가액] × 50% ※적용 비율은 협상대상지의 공익적 기여 등에 따라 협상조정협의회 및 관련 위원회 자문 등을 통해 조정 가능 • 감정평가 시점 - (종전) 협상대상지 선정평가 신청 이전 시점 또는 하남시 협상대상지 선정 이전 시점 - (종후) 도시관리계획 결정(변경) 고시일
22		충청북도 청주시	2024	●	-	조례	• 국토계획법 §51①⑧의2~⑧의3, • 「청주시 도시계획 조례」§14②	• 5천㎡ 이상의 대규모 유휴부지	①용도지역 변경 ②도시계획시설 폐지 등 ③허용용도 완화 등	• 토지가치 상승분 범위 내 - -	-
23		충청북도 괴산군	2024	●	-	조례	• 국토계획법 §51①⑧의2~⑧의3, • 「괴산군 군계획 조례」§11	• 5천㎡ 이상의 유휴토지 또는 대규모 시설의 이전부지	①용도지역 변경 ②도시계획시설 폐지 등 ③허용용도 완화 등	• 토지가치 상승분 범위 내 - -	-
24		전라북도 나주시	2023	●	-	조례	• 국토계획법 §51①⑧의2~⑧의3	• 1만㎡ 이상의 유휴토지 또는 대규모 시설의 이전부지	①용도지역 변경 ②도시계획시설 폐지 등 ③허용용도 완화 등	• 토지가치 상승분 범위 내 - -	-
25		전라북도 전주시	2020	-	●	지침	• 국토계획법 §51	• 낙후된 도심기능 회복 또는 중심지 육성 필요지역, • 5천㎡ 이상 유휴토지 또는 대규모 시설 이전부지	①용도지역 변경 ②도시계획시설 폐지 등 ③허용용도 완화 등	• 토지가치 상승분(100%) - -	• 감정평가 시점 - (종전) 협상대상지 선정 이전시점 - (종후) 도시관리계획 결정(변경) 고시일
26		경상남도 창원시	2024	●	-	조례	• 국토계획법 §51①⑧의2~⑧의3, • 「창원시 도시계획 조례」§16의2①	• 복합적 토지이용 증진 필요지역, • 5천㎡ 이상 유휴토지 또는 대규모 시설 이전부지	①용도지역 변경 ②도시계획시설 폐지 등 ③허용용도 완화 등	• 토지가치 상승분(100%) - -	-
27		경상북도 구미시	2024	-	●	지침	• 국토계획법 §26①	• 민간이 제안하여 규제가 완화되는 도시관리계획 변경	①용도지역 변경 ②도시계획시설 폐지 등 ③허용용도 완화 등 ⇒ ①, ② 중첩 시	• 증가하는 용적률의 5/10에 해당하는 토지가치 (산정된 공공기여율 10% 미만일 경우, 10% 적용) • 도시지역 외 보전지역(농림·보전관리·생산관리지역)을 계획관리지역으로 변경 시 20% • 10% - • 각각 공공기여비율 총량 합산 후 5% 감한 비율	• 공공기여 토지면적 × 대상토지의 ㎡당 종후 감정평가액 • 감정평가 시점 - (종전) 협상대상지 선정 평가 신청 이전시점 또는 공공의 협상대상지 선정 이전시점 - (종후) 도시관리계획 결정(변경) 고시일

부동산개발과 공공기여

초판발행 2025년 11월 20일

저 자 한국부동산개발산업연구원
연구진 양완진 · 한지혜 · 김승배 · 이진 · 박과영
감 수 김지엽
발행인 안종만 · 안상준

편 집 조영은
기획/마케팅 박부하
표지디자인 BEN STORY
제 작 고철민 · 김원표

펴낸곳 (주) 박영사
서울특별시 금천구 가산디지털2로 53, 210호(가산동, 한라시그마밸리)
등록 1959. 3. 11. 제300-1959-1호(倫)
전 화 02)733-6771
f a x 02)736-4818
e-mail pys@pybook.co.kr
homepage www.pybook.co.kr
ISBN 979-11-303-9721-4 93320

정 가 23,000원